教科書をタダにした闘い

高知県長浜の教科書無償運動

村越良子
吉田文茂

解放出版社

装丁◉森本良成

はじめに

現在、小中学校（特別支援学校の小学部・中学部も含む）の児童生徒には毎年新しい教科書が配布されています。小学校一年生には入学式当日、文部科学省の作製した紙袋が手渡されますが、紙袋の裏面には「保護者の皆様へ」と題する次のような文章が印刷されています。

お子様の御入学おめでとうございます。

この教科書は、義務教育の児童・生徒に対し、国が無償で配布しているものです。

この教科書の無償給与制度は、憲法に掲げる義務教育無償の精神をより広く実現するものとして、次代をになう子どもたちに対し、我が国の繁栄と福祉に貢献してほしいという国民全体の願いをこめて、その負担によって実施されております。

一年生として初めて教科書を手にする機会に、この制度にこめられた意義と願いをお子様にお伝えになり、教科書を大切に使うよう御指導いただければ幸いです。

文部科学省のこの文章は、憲法第二六条第二項後段の「義務教育は、これを無償とする」に込められた義務教育無償の精神の具体化として教科書の無償配布があることを、学校教育の出発点においてあらためて明示し、その周知徹底を図ろうというものです。

教科書の無償配布は、一九六三年度入学の小学校一年生にはじまり、順次その対象が拡大されて一九六九年に全小中学生への無償配布が実現し、現在にいたっています。この教科書無償制度がはじまるのは、一九六二年三月の「義務教育諸学校の教科用図書の無償に関する法律」と、一九六三年一二月の「義務教育諸学校の教科用図書の無償措置に関する法律」というふたつの法律が制定されたことによるものですが、これらの法律制定の契機となったのが高知市長浜《ながはま》における教科書無償運動だったのです。

本書は、雑誌『部落解放』七〇二号（二〇一四年一二月）～七二五号（二〇一六年五月）まで一八回にわたって連載してきたものをもとにして、若干の修正を加えてまとめあげたものです。雑誌連載のスタートにあたっても触れたのですが、これまで長浜の教科書無償運動についてまとめられた著作が数多くありながら、今回新たにまとめる作業をおこなおうとした最大の動機は、新たな資料を数点発見することができたことによるものです。

それらのなかでもっとも貴重な資料は、当時の事務局員であった岩松良子《いわまつりょうこ》（村越良子《むらこし》）の手になる会議録です。この会議録には、「長浜地区小中学校教科書をタダにする会」（「タダにする会」）が結成される一九六一年三月七日から三月一七日までの期間に開催された打ち合わせ会や対策会、交渉の様子などが詳細に記録されています。さらに、それぞれの会合に参加した個人や団体名、発言内容なども含まれておりますので、「タダにする会」の初期の動向がよく見てとれる資料となっております。また、これまで長浜の運動は一九六一年の運動と翌一九六二年の運動の二回であったとされてきましたが、今回一九六三年にも運動が継続されていたことを確認することができました。さらに、部落解放同盟高知市連絡協議会や高知県教職員組合所蔵資料のなかに、教科書無償運動関連資料をいくつか見つけることができたことは収穫でした。また関係者からの聞きとりを数回おこなうこともできたことで、これまでに描かれてきた高知市長浜の教科書無償運動の像をより鮮明に描くことが可能となったと考えます。

連載でもそうでしたが、本書でもとくに留意したのは、高知市長浜の教科書無償運動について、可能なかぎり資料にもとづいて事実経過を丹念に整理していくことと、運動について語ることのできる当事者が少なくなってきている現在、運動についての当事者ならではの思い出を記録として残しておくこと、このふたつを柱にして運動の経過をまとめあげることでした。とりわけ、村越良子さんの「これは私に課された最後の責任だ、できるかぎり正確で正直な、悔いのない仕事をしたい。仮にもこの執筆がひとつの歴史的事実の〈証言〉である以上、我田引水や主観的脚色はゆるされない」との思いを大切にするためにも、これまでに発行された文献やパンフレット類を丹念に読み込むとともに、それらの記述の不十分さを新たに発見した資料や聞き取りなどによって訂正する作業を丁寧におこなったつもりです。

なお、本書は運動の経過について記した本文と資料編、年表で構成しておりますので、運動の概略を簡単に理解するためには年表からお読みいただき、その後本文をお読みいただくのがよいかもしれません。

吉田文茂

教科書をタダにした闘い——高知県長浜の教科書無償運動●もくじ

運動が始まるころの長浜

当時の長浜の様子

　教科書無償運動の発祥の地といわれる長浜は、高知市の南方に広がる地域で、かつては吾川《あがわ》郡長浜村であった。その後の町制施行を経て、一九四二年に高知市長浜となり、現在にいたっている。長浜市民会館作成のフィールドワーク等視察研修用資料『教科書無償運動のふるさと「長浜」――長浜南部地区の様子や長浜市民会館の取り組みについて――』二〇一〇年改訂版は、長浜の様子を次のように描いている。

　「長浜」は、高知市の南部に広がる地域です。市内中心部より約十二㎞。歌で名高い「はりまや橋」から車で二十分ほどの場所にあります。

明治維新の立役者「坂本龍馬」の銅像が立つ桂浜。よさこい節に「月の名所は桂浜」と歌われるこの浜は、雄大な太平洋が目の前に広がる白砂青松の観光名所です。その桂浜の西の岬「竜王岬」の西側に約三㎞に及ぶ直線的な海岸があります。その海岸に沿った地域が私たちの住む「長浜」です。

南に大きく広がる太平洋。水平線から朝日がのぼり、月の光は広い海面を照らし、初日の出の絶好のポイントとしても知られているところです。堤防に沿った直線道路は「花街道」と呼ばれ、一年をとおして季節の花が植えられ、美しい海岸線とともに、市民や観光客の憩いの場所となっています。

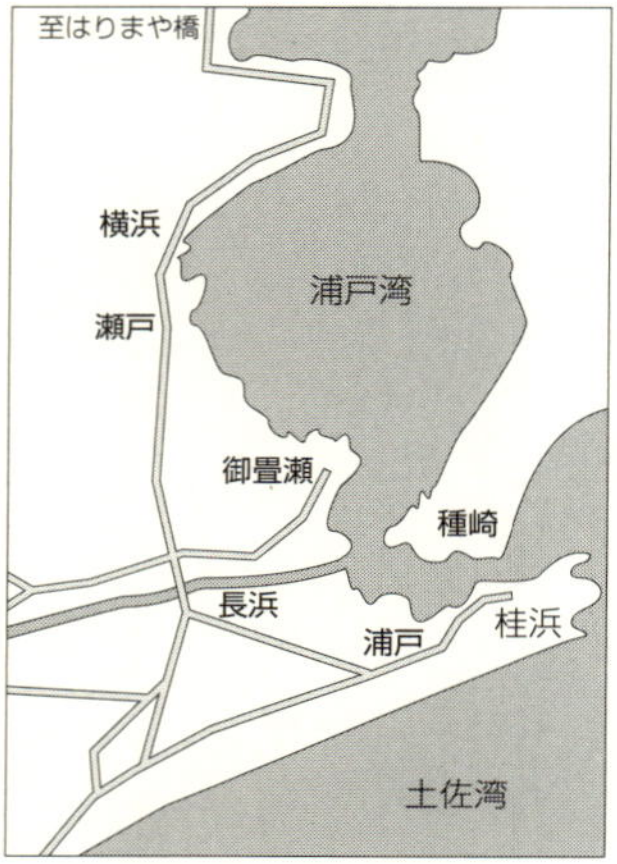

教科書無償運動のはじまる前年（一九六〇年）、長浜（世帯数二四二五、人口一万三三九人）は横浜、瀬戸、長浜の大字に分かれ、そこに御畳瀬《みませ》（世帯数四一三、人口一七〇九人）、浦戸《うらど》（世帯数五四三、人口二一一一人）を加えた五地域が南区と呼ばれていた。南区には小学校は横浜小（児童数一一三三人）、長浜小（一〇六三人）、御畳瀬小（二五二人）、浦戸小（二四五人）の四校があり、

中学校は南海中学校（生徒数九一六人）一校であった。（高知県教育委員会『昭和三五年度高知県教育年報』一九六二年）

長浜には、若宮八幡宮をへだてた西側の海岸線に沿って被差別部落の原部落《はら》（通称「南部」地区）がある。南部地区は長浜全体の人口の三分の一弱を占める半農半漁の漁村部落であったが、この貧しい部落の人びとこそ、教科書無償要求の第一声をあげ、運動の発足から終結まで一貫して中心軸を担ったのである。当時の南部地区の実態や歴史について見ていくことにしよう。

人口三二五〇、六一三世帯、農業約一〇〇戸、漁業約六〇戸、商工業約一〇〇戸、労務者約一五〇戸、失対労務者約一八〇戸、無職五戸、その他となっている。田地はわずか約四二反歩、畑地約三九〇反歩で、平均約四反歩足らずとなっている。この地域には三万四千反歩の山林があっても部落所有は全々ない有様である。漁場は極めてせまく、漁しょうは遠方の劣等地に追はれ、一般地区の十分の一を数へる程度に差別されたままである。当面十ヶ所以上の有力な漁しょうを設置する必要があり、漁港堤防の建設、曳綱《網》機械船、延縄漁船の建造、移動巻揚機、船上場、漁市場、冷蔵庫、漁業温室等を要求している。

（部落解放同盟高知市協議会『第二回大会議案書』一九六〇年五月八日）

また、南部地区の実態調査をまとめた『漁村部落——高知市長浜の場合——（市政研究別冊）』（高知市企画室、一九六〇年）は、地区の職業について「仕事からしめだされた部落民」の典型がよく表れ、失業対策（失対）労働者の多さにとどまらず、失対にすら入れない漁師たちも存在することを指摘している。また、調査員たちの聞き込みを通じて驚いたこととして「こゝには何が本職か、何が副業か分らないような不安定な拾い仕事をしているものが圧倒的に多」く、男性だけでなく女性も「主婦として家事に専念することができず、多く不安定な仕事で働いている」状態で、漁業や農業だけでは食べていくことができずに、「色々な仕事を拾ってどうやら生きて行くといった状態」であったと述べている。

長浜南部地区における解放運動の歴史

南部地区における解放運動の歴史は古く、明治末期から大正期にかけては、長浜村長・竹島《たけしま》敏夫《としお》が中心となって部落改善運動をおこし、南部地区の人びとの生活や習慣、納税、教育などの改善にとりくみ、内務省から表彰を受けたりした。一九三〇年代になると、高知県水平社の一員として活動する青年や農民運動に参加する青年たちが現れ、また青年たちの立ちあげた照道会などの運動も見られた。

戦後、まもなくして結成された部落解放全国委員会高知県連合会は満足な活動を展開できなかったが、それでも県内のいくつかの地域で支部の結成に成功している。長浜においても支部結成が実現するが、県本部自体が十分な活動を展開できないなかで支部独自の活動はほとんどなかったものと思われる。

しかし南部地区の人びとの政治意識は高く、新憲法のもとに実施された地方議会議員選挙では、地区から多くの議員を輩出した。一九四七年四月の戦後第一回の高知市議会議員選挙では、水平運動家であった矢野鶴馬《やのつるま》と、野中正真《しょうしん》が当選。一九五一年選挙では、のちに清交会会長となる本山慈楼《もとやまじろう》と、本山豊成《もとやまとよなり》、光内晴《はれ》の三人。一九五五年選挙では、同じく光内晴と、のちの部落解放同盟高知県連合会委員長の東崎唯夫《とうざきただお》が当選（東崎は一九五九年、一九六三年と三期連続して市議会議員をつとめた）。また一九四七年四月の高知県議会議員選挙では、富永宗範《とみながそうはん》が当選し、部落問題の解決に向けての質問を積極的におこなっている。

教科書無償運動のはじまる一九六一年ごろは、高知市議会における解放同盟選出議員が長浜の東崎唯夫と宮前町の藤沢喜郎《ふじさわきろう》の二人となり、社会党の議員などを含めた七人で革新クラブを結成していた（この革新クラブは、教科書無償運動において当初から終結まで重要な役割を果たすこととなる）。

清交会の結成

一九五五年一月一六日、「封建的身分差別と、それにともなう生活状態から部落民衆を完全に解放すること」を目的として高知市清交会（清交会）が結成された。清交会は、高知市でもっとも早く建設された潮江《うしおえ》隣保館（河ノ瀬《ごうのせ》部落）に事務所をおいて、市内の被差別部落内の意見交換や交流を図っていった。また、「部落の人がみんな仕事を持てるようにする」「部落内から封建制をなくする」「部落の児童少年青年婦人の教育を守る」「部落の環境をよくし、文化を高める」「部落の婦人の地位を高める」ことにとりくむことをめざし、事実上、解放団体高知県連合会（一九五六年三月一六日創立）の高知市支部として機能していた。清交会の会長には長浜選出の市議会議員・本山慈楼が就任した。

清交会が市内各地区の交流を図るために、高知市および高知市教育委員会との共催で毎年おこなったのが同和問題高知市研究協議会であった。第一回協議会は一九五六年九月二〇日・二一日の二日間、長浜の雪渓寺《せっけいじ》で開催され、各部落の代表と青年活動家、教育関係者、福祉事業関係者たちが参加している。

一日目は第一回同和教育指導者中央講習会（一九五六年八月一八日～二一日）の参加者三人（岩

第１回同和教育指導者中央講習会（1956年８月）＝東信喜氏所蔵＝。前列左端が水田精喜、右から２人目が谷内照義（のちの全国同和教育研究協議会委員長）。２列目右から４人目が岩松良子、５人目が西本利喜（解放団体高知県連合会事務局長）、７人目が嵐邊寿太郎（解放団体高知県連合会会長）、４列目左から２人目が藤沢喜郎（同書記長）、５人目が東崎唯夫（のちの部落解放同盟高知県連合会委員長）、最後列左から６人目が村越末男（高知追手前高校教諭）

松良子、平岡《ひらおか》富士雄《ふじお》、吉岡《よしおか》富士夫《ふじお》の報告と、長浜（竹崎清彦《たけざききよひこ》）、河ノ瀬（西川義信《にしかわよしのぶ》）、南横町（岡村多紀夫《おかむらたきお》）の三部落からの「部落の実態発表」がおこなわれた。二日目は研究主題「私達の生活を良くするためにはどうすればよいか」のもと、三つのグループ（「私達の生活の実態はどうなっているか」「私達の生活をはばんでいるものはなにか」「これを解決するための具体策はどうすればよいのか」）に分かれて、四時間に及ぶ小集団討議がおこなわれた。最後に「今後の方向」のテーマで、藤沢喜郎の司会による西本利《にしもととし》喜《き》、桂井和雄《かつらいかずお》、関田英里《せきたひでさと》、西沢弘順《にしざわひろゆき》の四人のパネル討議がおこなわれた。当日の発表や報告、討議内容の詳細は不明であるが、高知市の関係者にとどまらず、解放団体高知県連合会や高知県友愛会の幹部、大学教員、福祉教員経験者などの協力によって協議会が運営されていたことがわかる。

この第一回研究協議会のほぼ一カ月前、八月一八日から三日間にわたって、前記の第一回同和教育指導者中央講習会（高知県教育委員会主催）が香美郡夜須町手結《かみやすちょうてい》の海浜学校で開催され、高知県出身の歴史学者・井上清《いのうえきよし》の「部落形成の歴史と部落問題の本質」と題する講演がおこなわれている。この会は、当時県教委社会教育課で同和教育を担当していた谷内照義《たにうちてるよし》が企画し、部落解放運動のリーダー養成のための講習会として県内各部落の青年活動家をあつめて実施したもので、「青年団共励会」とも呼ばれた。資料として「封建的身分差別とそれにともなう悲惨な生活状態から部落民衆を完全に解放することを目的とする」ための組織づくりのマニュアル（「部落解放運動のための各市町村居住の規約範例」）が配布されており、会の研究主題も、

(1) 部落問題とは何かということを正しく知ろう（部落問題の本質）
1 われわれの生活を見つめよう（部落の現状の把握）
2 部落のなりたちを知ろう（部落形成の過程）
3 こうした生活が続いているわけを知ろう（民主主義との関連性）
(2) 解放運動の正しい歩みを学ぼう（解放運動の歴史と方向）

1　われわれの先輩の歩みを知ろう（自主的運動の歴史）
2　国や県・市町村などの部落対策はどう行われてきたか（行政施策）
3　正しい運動の進め方はどうあるべきか（解放運動の正しい在り方）

(3)　解放運動のすすめ方について話し合おう
1　差別事件はどう取り扱うべきか
2　部落における学習活動をどう進めたらよいか
3　多くの人々と共に歩むにはどうしたらよいか

と具体的に示されている。高知県教委主催の講習会が、部落解放運動のノウハウについて学ぶ場として、事実上、運動家の交流と育成を図ったのは画期的であった。

現在残されている講習会の写真には七四人（うち、女性は一一人）の人物が写っているが、解放運動のリーダーたちに交じって、長浜から男性一〇人、女性三人の一三人が参加していたことが確認できる。

部落解放同盟長浜支部の結成

水田精喜《みずたせいき》は高知市教組南区における同和教育の先駆けであった。彼の著作『草分けの同和教育』(文理閣、一九八二年)によると、水田は一九五三年四月、福祉教員として長浜小学校に赴任し、長欠・不就学の解消や同和教育の仲間づくりにとりくむなか、翌五四年四月からは南部の公民館(自彊館《じきょうかん》)での青年学級の主事も兼務して、青年学級の機関紙(情報紙)の発行など精力的な活動をすすめた。以後、青年学級(一般教養)および婦人学級(洋裁、和裁、生花)の活動が活発になっていくが、それはちょうど高知県内各地で部落解放の機運が高まってくるのと軌を一にしていた。いま残っているその機関紙『ともし火』の第二一号(一九五七年一二月)を見ると、一九五七年一一月八日、自彊館でおこなわれた解放同盟長浜支部結成の模様が初代支部長・光内寛之《みつうちひろし》によって記されている。出席者は光内をはじめ、地区の活動家や女性たちで、長浜小学校からは岡田慶彦《おかだよしひこ》、楠瀬信一《くすのせしんいち》、中山亨《なかやまとおる》、崎山洋子《さきやまようこ》が参加していた。

まず徳島での第九回全国同和教育研究大会と高知市で開催された同和問題研究会の報告があり、その後、地区における当面の諸問題の解決策についての討議がおこなわれた。そのなかで、部落解放同盟長浜支部を結成することが決まり、規約審議のあと、役員選考委員会をもうけて、支部長に光内寛之、副支部長に武田直房《たけだなおふさ》、書記長に竹崎清彦を選んだ。最初のとりくみとして決めたことは、部落ぐるみの組織とするため会員一人ひとりが仲間を増やすよう努力することと、毎月一回の定期的な集まりの継続であった。そして、毎月一回の集まりでは、ほとんどの人が部落問題の現代的意義についてきちんと理解していないので、部落問題を正しく理解するための学習をおこなうこと、学習をつうじて日々の生活から派生するさまざまな問題の解決をはかり、さらに人びとの願いを結集していこう、と申し合わせた。また、小中学校の同和教育推進への協力や仕事保障のとりくみをすすめること、部落解放同盟の全国大会など各種会合に出席して見聞を広めること、月一回の情宣活動をおこなうことなどが決められた。

役員にはすべて男性が選ばれたが、長浜支部結成を伝えた『解放新聞』高知県特集版第三号（一九五七年一一月一五日）は「この組織を作るに当つて特筆すべきことは母親達のねがいが高まりつつあるということである」と記し、さらに一九五九年四月二五日付の『解放新聞』高知版は「解放のため手をつなぐ長浜の婦人たち」と題して、鳥取市で開催された第四回全国婦人集会に参加した三人の女性による座談会を紹介している。実際、支部結成翌年の役員改選では、婦人学級の世話役の仲内（前田）安尾が副支部長に加わったうえ執行委員の三割に女性が進出しており、のちの教科書無償運動への母親たちの結集を予測させるものが当初からあったといえよう。

結成まもない長浜支部が直面したのは勤評闘争であった。五八年六月、高知県教委は教員に対する勤務評定の実施を決定。愛媛、和歌山などとならんで高知でも激しい勤評反対運動がおこるが、その闘争の局面、局面には被差別部落の大衆の結集が見られた。水田前掲書によると、長浜支部においては高知市教組分会よりも早く、県総評会長で高知市教育委員であった中島陸馬を招いて勤評についての学習会をおこなったり、「勤評は差別を助長する」との解放同盟中央本部の方針を支部情報に掲載したりして勤評反対をいち早く表明した。そして六月二六日の県教組による第一次十割休暇闘争では長浜支部は全面的にそれを支援し、以後も長浜小、南海中を支えつづけた。こうした盛り上がりのなかで、長浜支部は南区における民主団体の中核としての力量を蓄えていったのである。

なお、清交会を発展的に解消して、部落解放同盟高知市協議会（高知市協）が一九五九年五月二五日に結成されるが、委員長に武村文男《たけむらふみお》（二代目長浜支部長）、書記長に宮本儔《みやもとひとし》と両ポストとも長浜支部が占め、執行委員も長浜支部から八人と他支部より多人数が選出された。また、一〇月から高知市協の事務局は暫定的に高知市役所の厚生課内に置かれ、常任書記に長浜の岩松良子が就任した。

自彊館（南部公民館）とその周辺の様子

原部落の歴史と人びとの生活を語るとき、活動の拠点であった「自彊館」を忘れるわけにはいかない。自彊館とその周辺の様子を振り返っておこう。また、南部地区には浄土真宗本願寺派の広願寺《こうがんじ》と正福寺《しょうふくじ》があり、人びとの信仰と暮らしを支えていた。ことに長い歴史をもつ広願寺は、保育所のなかった時代には季節託児所としての役割を果たし、一九六〇年ごろは、のちに第二一世住職となる富永徳孝《とみながのりたか》（当時、県立高知追手前《おおてまえ》高校教諭。その後、県教委高校教育課指導主事として高校における同和教育の確立に尽くす）が、日曜日ごとに小学生たちを集め、剣道の稽古をつけていた。富永は子どもが幼児ひとりだったので、教科書無償運動に保護者として直接かかわることはなかったが、市教委の総辞職と反対派の攻撃、氏原一郎《うじはらいちろう》市長の破約などによって形勢が逆転し戦術の見直しを迫られた厳しい局面で、父母集会のため緊急に本堂の大広間を提供するなど協力を惜しまなかった。

自彊館は、もともと高知市に合併する前の長浜町が一九三五年に建てた授産施設といわれていた。南部地区のほぼ中心に位置する原神社（原部落の氏神。別名、草野姫《かやのひめ》神社）のすぐ西隣にあり、境内一帯は神場《かんば》と呼ばれていた。木造平屋建て、三〇畳余りの粗末な板敷きの広間と管理人の居室でできていた。草履《ぞうり》表《おもて》やフゴなどを編む共同作業場として使用され、戦後は地区の公民館としてさまざまな集会や活動に幅広く利用され、親しまれてきた。原神社の東隣は消防屯所で、リヤカーふうの小さな手引き消防車が格納されていた。南側には高い火の見櫓《やぐら》があり、昔は半鐘がかかっていた。解放同盟長浜支部は結成の翌一九五八年八月、住民の多年の願いだった有線放送実現のために放送設備設立期成同盟をつくり、ブラジルから帰朝した人の寄付金を足がかりに高知市に働きかけて、自彊館に設備を実現した。放送は近くに住んでいた仲内安尾がおこない、火の見櫓に取り付けられたスピーカーから毎日のように「お知らせ」を流した（広い村内には、風向きにより声が届かない場所もあったけれど）。また、青年団のために卓球台が一台置かれたり、備品の長机（裁ち板）が家々の結婚式などに貸し出されることもあった。このようにして自彊館は、人びとの暮らしに密着し、青年学級や婦人学級の学習会、その他大小の寄り合いや行事など、南部地区の生きざまと変遷をその長い歴史に刻んできた。長浜支部が憲法学習のなかで義務教育教科書無償について最初に素朴な声をあげたのも、むろんこの自彊館であった。

平和まつり

一九五九年八月一四日、解放同盟長浜支部、南区民主教育を守る会、高知市教組、全日自労、地区労など各民主団体の共催で、高知市南区の第一回平和まつりが長浜小学校講堂で開催された。参加者は五〇〇人に及び、「南地区では例のない聴衆のもと」で盛大におこなわれた。（『解放新聞』高知版、一九五九年九月二五日）

集会では、高知市協委員長（長浜支部支部長）の武村文男が議長に、民教副会長の林田芳徳《はやしだよしのり》が運営委員に選出され、コーラス合唱団の指導による「原爆許すまじ」の大合唱で幕をあけた。各種団体のメッセージと祝電の披露ののち、具島兼三郎《ぐしまかねさぶろう》（九州大学法学部長）の「転換点に立つ世界と日本」と題する講演がおこなわれ、「自由に行動できる今のうちにこそ我々はあらゆる場所で平和の声を起こさねばならぬ」と聴衆に向かっての呼びかけがなされた。続いて、提案された平和決議を満場一致可決したのち、レクリエーションに移り、小中学生のしばてん踊りや日本舞踊が披露され、映画「長崎の子」などを見て、最後に「しあわせのうた」の合唱で初めての平和まつりは成功裡《り》に幕をとじた。

平和まつりの主催団体をつとめた解放同盟長浜支部、南区民主教育を守る会、高知市教組、全日自労、地区労などは一年数カ月のちに結成される「長浜地区小中学校教科書をタダにする会」の構成団体となるのであり、すでにこの時点で、いつでも共闘態勢を組める素地ができあがっていたということになる。

教員人事異動反対運動と学校安全会費の問題

水田精喜は赴任した一九五三年四月から五年間、福祉教員をつとめたが、五八年四月からは五年生の担任となり、持ち上がった六年生を六〇年春に送り出した。その保護者、解放同盟長浜支部、市教組などは、水田を子どもたちといっしょに南海中学校へ異動させようとしたが、ふたをあけると水田は新設の少年補導センターへ異動ということになった。この補導センターは同和教育推進のために設置したというのが市教委の言い分であったが、現職警察官三人と教員一人で構成されており、同和教育の推進からは程遠いものであった。驚いた人びとは市教委と交渉を重ね、当時中学校に進学したばかりの子どもたちも貸し切りバスに同乗して交渉に参加するなど、「同盟休校もやりかねない程の強力な運動」を展開した。結果、市教委は「長浜における同和教育の発展段階を尊重し近い将来に水田教諭を復帰させる」ことを約束し、水田は同年九月に南海中学校に異動となった。高知市協は「長浜支部、市協を先頭とする児童、父兄一体のこの大衆斗《闘》争は勝利を収め、斗いに参加した者は全員、行政主権者としての自覚と団結の尊さを知った。そこに我々は運動推進の母体である組織固めの基盤をみる」（高知市協第二回大会『一九五九年度一般活動報告』）と長浜における解放同盟、教組、保護者などの強い結びつきを高く評価した。

　また、子どもたちの健康保険組織である高知県学校安全会の問題では、安全会の一九五九年度会計が赤字決算となり、その赤字をうめるために県内各市町村に追加徴収の負担金が割り当てられ、高知市へは三六万円が割り当てられた。そこで高知市は半分を市負担としつつ、残り一八万円の負担を加入者である市内小中学校に求めてきた。だが、この赤字は学校安全会の運営上の不手際から生じたものであって、加入者には何の責任もないものだったため、市内六校(長浜小、南海中、朝倉中その他)は児童への追加徴収をせずに、最後まで赤字負担を拒否し通したのである。

　長浜支部、市協主催の地区集会でもこの問題が出され、長浜の保護者は市協の応援のもとに市教委交渉をおこなって不当な赤字負担を返上することを声明した。その後、市議会総務委員会が赤字負担は行政の責任であることを明確にしたため、三六万円全額を市費でまかなうことに決定し、すでに赤字負担金を納入していた市内全校にはその金額が返済されることになった。

高知市協はこのたたかいについて、「正しい主張を貫ぬき勝利した長浜の父母大衆は大いなる確信と斗志を得た」とし、続けて「このことは当然、次の段階として、高すぎる義務教育経費への不満、ギワクの目をひからせることになる。大衆は、教育の制度とそのあるべき内容によようやく目覚め、教育を自分達人民のものに創りあげて行こうとする萌芽をもったのである」と安全会の赤字負担拒否闘争を総括している。

以上見てきたように、一九六一年の教科書無償運動がはじまる以前において、解放同盟長浜支部はさまざまな民主団体と共闘しながらたたかいの経験を重ね、その中核的な役割を担ってきた。したがって、突然降ってわいたかのように思える不買運動があっという間に大勢の人びとの間に広がっていったのも、何ら不思議なことではなかったのである。

教科書無償運動のはじまり

長浜の教科書無償運動がおこるまでに、教科書の無償配布を要求して運動をおこなったものに高知県の母親運動がある。その全体像については、外崎光広『高知県婦人解放運動史』（ドメス出版、一九七五年）や岩崎キクエ・大木基子編『草の根の母たち――聞き書き・高知の母親運動』（ドメス出版、一九九一年）、高知県の母親運動四十周年記念事業実行委員会編『わたしたちは歩みつづける――高知県の母親運動四十年――』（高知県母親運動連絡会、一九九四年）、高知県母親運動五〇年史編集委員会編『かたりつぐ母親運動　高知県の母親運動五〇年史』（高知県母親運動連絡会、二〇〇四年）などに譲り、まずは教科書無償要求の動きについてのみ見ておきたい。

第六回四国四県母親と女教師の会

教科書の無償要求が大きくとりあげられたのは、一九六〇年一一月一三〜一四日に高知市で開催された「第六回四国四県母親と女教師の会」においてであった。

四国四県持ち回りで開催されていたこの会は、「みんなの幸福のために みんなで話しあいましょう！ 考えあいましょう！ 手をつないで行動しましょう！」をスローガンに延べ五〇〇〇人が集まり、初日は分科会討議、二日目は分科会報告と全体討議、講演がおこなわれた。

第九分科会「教育予算とＰＴＡ」では、教育費のＰＴＡ負担が大きく、しばしばＰＴＡ立学校と揶揄《やゆ》される現実が浮き彫りとなった。実際、高知市内のある小学校では、市からの学校経費二四万九六六〇円に対し、ＰＴＡから支出される学校経費が一二一万八五八三円であることが指摘され、さらに寄付金や地元負担金に依存している現状も浮き彫りとなった。また、第一九分科会「母と女教師の会の進め方」では、教科書無償配布をめざして署名運動にとりくもうとの提案が高知県幡《はた》多郡東部の教員からなされた。すでに幡多郡では署名運動がすすめられており、四国四県母親と女教師の会でも署名運動にとりくんでほしいとの提起がおこなわれたのである。これは、分科会の決議事項「憲法で保障された義務教育無償の権利行使をしよう。教科書無償配布署名運動をひろげる」として、全員一致で全体会へ提起することとなった。

二日目の全体会では、一母親から父母の教育費負担軽減のため教科書無償配布の署名運動をおこそうとの提案がなされ、全会一致で署名運動にとりくむことが決まった。教科書無償配布要求は「教育費がほとんど父母負担である実態が明らかにされ、教科書の無償配布の署名を手はじめとして義務教育費国庫負担をかちとる運動をおこすことを決定しました」と大会宣言の一部にも盛り込まれたように、この大会での重要決定事項のひとつであった。

教科書無償配布を要求する署名簿は国会あてと地方議会あての二種類が作成されたが、第六回四国四県母親と女教師の会の名で出された請願書の呼びかけ文は次のようなものであった。

三十六年度から、全部教科書が変わります。
小学校で五百円、中学校で八百円のお金がい

第6回四国四県母親と女教師の会の全体会
（外崎文庫［高知市立自由民権記念館］蔵）

るのです。教科書がかえず今まで古い教科書をゆずってもらっていた子どもは、教科書がもてない現状です。憲法二十六条に、義務教育は無償とするときめられているのに、政府はこれを実行しようとしていません。予算はないわけではないのです。ロッキード予算で、日本中の子どもに十年間無償で教科書をわたすことができるのです。

今こそ、私たちの力で、義務教育《（ママ）》を増額させて、父母負担を軽減させる運動を広くおしすすめましょう。その手はじめとして、せめて小中学校の教科書代だけでも国庫負担をするように措置してもらうために、私たちの切なるねがいを反映させましょう。四国四県の母親と女教師の会は全員一致でこの運動にとりくむことをきめました。御協力ください。

第六回四国四県母親と女教師の会

憲法第二六条の義務教育無償条項をよりどころとして教科書無償要求をおこなおうというものであったが、注目すべきは単に教科書無償配布の実現要求にとどまらないという点であった。「手はじめとして」の語に示されるように、義務教育にかかる諸費用の全額国庫負担の実現が最終目標であって、教科書無償の実現はそのための第一歩として位置づけられていたのである。

解放同盟高知市協も書記局の岩松と各支部から数人の女性（全日自労）が集会に参加し、ただちに地元での署名活動にとりくんだ。

国会と高知県議会あての請願書

高知県では四〇万人署名を目標に同年一二月から県教組婦人部を中心に署名運動が活発におこなわれ、国会あての請願書は一万三〇七四人の署名を集めた。集めた署名は高知県選出の衆議院議員・森本靖《もりもとせい》（日本社会党）の紹介で国会に提出され、一九六一年二月一五日、衆議院文教委員会に付託された。請願の要旨は「憲法第二十六条に、義務教育はこれを無償とするの規定があるが、この規定は現在守られていない。公立学校は、実質的にはＰＴＡ立学校になっている。ついては、軍事費を教科書代に回（ママ）わして、義務教育費無償の一環として、小、中学生の教科書代を全額国庫負担されたい」であったが、最終的には六月七日の文教委員会で、他の教科書無償の請願書四通とともに審査未了となった。

また、地方議会あての請願書は、高知県では幡多郡の母と女教師の会（代表者名は教員の矢野タケコで、紹介議員は井上泉《いのうえいずみ》と板原伝《いたはらつたえ》であった）が三月一四日に三六四九人の署名を添えて高知県議会に提出した。請願書は「教科書の無償交付について」というタイトルで、請願の主旨は「義務教育に要する教科書は、無償交付するよう県議会の議決に基づいて国会に要請するとともに、さしあたり昭和三六年度分は県で半額でも負担するように予算措置を講ぜられたい」というものであった。国会への無償配布要請と県議会での予算措置のふたつが盛り込まれた請願であったために、この請願を審査した総務委員会では「義務教育に要する教科書の無償交付の趣旨は理解できるが、昭和三十六年度分において県がこの経費の半額を負担することについては、県財政の現況から困難であり、全会一致不採択すべき」という結論を出した。これを受けて、三月二二日に開かれた県議会の本会議では総務委員会の結論どおり、全員一致による不採択となったが、不採択の最大の理由は、県費での半額負担を請願書に盛り込んだためであったと思われる。なぜなら、同じ幡多郡の母と女教師の会が中学生のバス通学費の負担軽減のため政府と交通業者へ強くはたらきかけることを求めた請願（「義務教育生徒の交通費負担の軽減について」）は、逆に全会一致で採択されているからである。通学費の負担軽減を政府や交通業者に求め、県議会にはそのための財政措置を求めていなかったため、すんなりと採択となったといえよう。

なお、高知市においても教科書無償に関する請願書が市議会に提出されるが、母と女教師の会など母親運動が主体となっての請願ではなく、南海中学校教員を代表者とする請願であった。この請願は長浜の教科書無償運動の初期と時期が重なるので、あとであわせてとりあげることにしたい。

第七回日本母親大会

長浜の教科書無償運動が一段落した一九六一年八月一三日、第七回高知県母親大会が高知市で開催され、そこでも教科書の無償配布をめぐる論議が活発におこなわれた。一六の分科会のうち、「学校にかゝるお金」分科会では義務教育にかかわる保護者の負担金の問題がとりあげられたが、この分科会は助言者が小松徹《こまつとおる》（高知市教組）と岩松良子、司会者は小島《おじま》みどりと今《いま》井《い》玉子《たまこ》（長浜小教員）というように、長浜の運動の関係者で占められていた。

一週間後の八月二〇日には三日間の日程で第七回日本母親大会が東京都内で開催され、高知県からは教組、全日自労、解放同盟などから二〇人が各分科会に分かれて参加した。日本母親大会はすでに一九五七年の第三回大会で「義務教育諸学校の教科書無償を政府に要求する」と決議していたが、第七回大会の模様は、県大会と同じ「学校にかかるお金」分科会に参加した小島みどりが詳細に報告している。それによれば、参加者は少なかったものの熱心な討議がおこなわれ、憲法に義務教育の無償がうたわれながら、学校の施設、設備費をはじめ父母負担が重くのしかかっている実態が出されたあと、その原因を確かめ合い、最後に「教育の機会均等を実現するために『全国的に無償運動をすすめていくこと』が確認され」た。二日目の全体会では、小島みどりが義務教育費国庫負担の原則に立ってまず教科書の無償を要求する決議を提案し、「自信にみちた拍手」で承認された。

この大会には討議資料「教科書をただにする運動をおこそう――高知市長浜における運動の報告を中心に――」が高知県母親運動実行委員会名で配布されていた。討議資料には、長浜の運動の経過が記され、「この運動は純粋に大衆みずからが組織した権利要求の運動でした。とりわけ母親達の結束の果した役割は重要でした。運動の過程には多くの欠陥や誤りがありましたけれど、この運動が基本的に持っている性格、意義や問題点を考え、全国の母親運動の大きな柱として発展させたいと思います」としたうえで、運動の意義として次の四点が示されている。

① これは民主々義をかちとる権利要求の運動であり、平和憲法を具体的に守る斗いです。
② 一つ一つの教育条件をととのえさせるたたかいは、結合されて義務教育全額国庫負担を実現する大きな流れとなります。これは今日の差別教育を排し、高校の全入制を守り教育を人民のものにする国民教育運動です。この力を更に高めて、教科書の国定化、教育課程の改悪を阻止しなければなりません。
③ これは国の予算を根本的にくみかえさせる運動であり、安保をハキし、国の政治を平

和の方向へ独立の方向へ民主の方向へ進めるたたかいにつらなります。

④　この運動の中で子どもたちは成長しています。

この四点のまとめは、当時の母親運動が志向した教科書無償運動の性格をよく物語っている。一点目に示された権利要求の運動であったという点はまさに長浜の運動はこれにつきるといっても言い過ぎではないだろう。しかし、「平和憲法を具体的に守る斗い」と位置づけることは、運動が憲法第二六条の理念にもとづくものであったにせよ、多少無理があるように思われる。さらに、第二、第三点で大きな国民運動や政治運動の潮流のなかに位置づけようとし、「安保をハキし、国の政治を平和の方向へ独立の方向へ民主の方向へ進めるたたかい」につらなると規定したのも少し飛躍ではないだろうか。見方を変えると、長浜の教科書無償運動は単に民主的運動の一コマにしかすぎず、他のさまざまな民主主義運動と結びつき、国の方向を変革してこそ初めて大きな意義が認められるということになる。

解放同盟長浜支部、教科書「不買運動」を提起

一九五五年八月、部落解放全国委員会は第一〇回大会において部落解放同盟と改称し、「義

務教育の完全無償」をスローガンのひとつに掲げた。一九五八年一月には、「部落問題解決のための国策樹立に関する要望書」を政府に提出したが、この要望書は要求項目が各省別に分けられていて、文部省に対する要求の第一は「義務教育費の完全国庫負担」であった。さらに同年二月には国策樹立の請願書を衆参両院に提出。同年九月の解放同盟第一三回全国大会でも「義務教育費の完全国庫負担」を大会スローガンのひとつにあげて、「国策樹立促進要請に関する決議」を採択した。翌一九五九年一二月に大阪市で開かれた第一四回全国大会へは、同年五月に発足していた解放同盟高知市協は代表を送り、岩松良子も役員たちといっしょに参加して解放運動の大きな方向と諸課題にじかに触れ、熱い意欲をかきたてられたのだった。

さて、六〇年秋の「第六回四国四県母親と女教師の会」で教科書無償請願署名活動がはじまり、その四カ月後の六一年春、いよいよ長浜での教科書無償（不買）運動がおこることになるのだが、いつの時点で無償運動をはじめようという発案があったのか、はっきりしていない。運動が終息期に入ろうとする時期の座談会（高知県教組機関誌『るねさんす』一五八号、一九六一年五月）でもその点については認識がばらばらであった。水田精喜は、正月ごろに宮本儔が「なんぼ言うても言うただけじゃ行政当局は熱意をしめさない。教科書をくれるまでは買わんという運動にしなければだめだ」と言っていたのが運動のはじまりではないか、と座談会の冒頭に投げかけている。それに対し、岩松は前年の秋ごろにその話を聞いたと言い、高知市教組の文化部長であった小島速美《おじまはやみ》は二月に入ってから聞いたと述べている。時期は特定できないが、宮本が不買運動を言い出したことは事実で、長浜支部の仲内安尾が「そうです。話が出るとすぐ、それはいい、やろうということで進んだというのが真相です」と認めた。宮本が不買運動という戦術をどのようにして抱くようになったかは不明であるが、彼自身は母親運動のとりくみについては知らなかったと述べており、母親運動とは別次元だったことになる。

宮本の個人的思いつきの時期はともかく、教科書不買の最初の相談は、そのころ自彊館で長浜支部がおこなっていた学習会のあと役員会に出され、仲内の言葉どおり承認されたことは確かである。そして二月一一日に開催された第一回南区教研において公式に提起されたのである。水田精喜『草分けの同和教育』によると、南区教研の実施は水田の発案により、南区の教育関係者、子どもと父母、地域住民、地区労、解放同盟などが参加して「教育とこれに関する南区の諸問題について話し合う共通の広場をもとう」ということではじめられたものであった。第一回は長浜小学校を会場に「同和教育をすすめるために、父母と教師が問題を出し合い、それを組織し、子ども集団を高める方向づけをしよう」ということを目的として開催され、「教師集団をどう高めるか」「子ども集団をどう高めるか」「父母と教師の問題」「小・中学校の連けい」「教育行財政の問題」の五つの分科会に分かれて話し合いがおこなわれた。このなかの教育行財政の分科会（分科会の名称については異説もあるが、当時の資料にもとづくと教育行財政分科会であったと考えられる）で、宮本儔が無償（不買）運動の提起をおこなったのである。宮本は後年、次のように回想している（『長浜の教科書無償運動の真実――歴史の真実を歪める高知市教委をただす――』高知県地域人権運動連合会、二〇〇五年）。

学校に金がかかりすぎることが話題になり、修学旅行の費用も高いし、教科書代もバカにならん等々の意見がでて、私が憲法第二六条について発言しました。憲法には義務教育について書いてあるが、親は子どもを学校へ行かす義務がある。行かさなかったら違法になる。しかし教科書を買う義務があるかどうか。買わなかったら違法かどうか。二六条には義務教育は無償とすると、はっきり書いてある。学校の費用はすべて教育委員会が持つべきだ。教科書代も当然これに含まれる、というような議論をしたわけです。

教科書を買わなかっても罪にはならない。教科書をタダにして下さいと、いくらお願いしても、そう簡単にタダにはしてくれないだろう。いつのことになるやら分からん。タダにしてくれるまでは買わないという決意が必要だ、というのが私の意見ですわ。

（この文章は宮本個人の意見・着想として書かれているが、その前に長浜支部役員会で論議され承認されていたことを再度明記しておきたい。）宮本の提起は分科会の賛同を得て、全体会でも承認され、教科書無償を求める不買運動が決議された。しかし、新学期前には教科書の販売も予定されていたので時間的余裕はほとんどなかった。

塩谷の読書会グループ

長浜の教科書無償運動について見ていくとき、忘れていけないのは部落外で運動に熱心にとりくんだ人たちの存在である。運動にかかわった人びとは長浜の各地区に大勢いたが、そのなかで特筆すべきは「塩谷《しおや》学習グループ」であろう。戦後、高知県にも多く結成された女性の読書会グループのひとつとして一九五九年四月、勤評闘争のさなかに誕生した。『高知新聞』(一九六一年一一月一八日(土)夕刊)は塩谷学習グループの様子を次のように紹介している。

勤評問題を中心に世の中がさわがしくなったとき、教師と父母、学校と家庭、さらに社会との結びつきが、長浜の一部の婦人たちの間で疑問になりました。現在はどんな状態であるか、本来はどうあるべきか、それを知る方法はないだろうかという話し合いから、高知市民図書館の自動車文庫を利用して、渡辺進図書館長を助言者とする読書会を開こうということに決まりました。読書を中心に社会のいろいろなことを勉強したいという話し合いから、会は集会場所を提供することになった松吉千津子さんの家の所在地名をとって、〝塩谷学習グループ〟と命名。第一回会合には三十七人が参加して、だれいうとなく話題にのぼった「子供のしつけ」について話し合いました。

それ以後、毎月一回、参加者のなかから出された身近な問題（主婦の時間割り、塾の問題、映画「石山の歌」の感想、幼児の心、新聞など）をとりあげ、熱心に学習をすすめていった。そうこうしているうちに、「〝理論にヨワイ〟婦人の頭を訓練しなければならない」ということで系統的な学習へと移っていき、一一月からは中学校の社会科教科書をテキストに使用するようになった。その後、学習したテーマは「人間とは何か」「明るい家庭を」「人間をつくる教育」「人間形成の目標」「地域社会の生活」「民主主義の原則」「次の世代の成長への婦人の貢献について」「日本の政治と民主主義」「第十三回高知県婦人会議議題について」「日本国憲法」「国会と政党」などで、女性の社会意識を高めるような題材をとりあげていった。また、高知市民図書館から借りた本のなかには、イリーン『人間の歴史』、ヒューバーマン『資本主義経済の歩み』、ヴァン・ローン『人間の歴史の物語』、コフマン『世界人類史物語』、『週刊朝日』（昭和三十五年九月十一日号）、岩波版『世界人権宣言』、林健太郎『世界の歩み』（上・下）、憲法問題研究会『憲法を生かすもの』、丸岡秀子『母親入門』などがあった。

地元で教科書無償運動がおこると、グループの人たちはさっそくこれをテーマにとりあげ、憲法第二六条には「義務教育は、これを無償とする」と明文化されているのを確かめ合い、義務教育だから教科書は無料が当然だということを確信するにいたった。憲法が自分たちの生活と直接つながっていることを再認識し、教科書は無償が正しいのだと考えたグループの人たちは、無償運動に協力して教科書の不買運動を積極的に担っていく。ある主婦は、保守的な夫からアカ呼ばわりされ、離婚の危機にまでいたったが、学習の裏づけに支えられてがんばれたという。こうして学習によって鍛えられた塩谷学習グループの女性たちは、無償運動が窮地に追い込まれる最終段階までがんばりぬき、その時になって初めて教科書を買ったのである。

庶民的な前向きの学習
教科書問題では憲法を
昭和36年11月18日

「塩谷学習グループ」を紹介した『高知新聞』
1961年11月18日夕刊の記事（高知新聞社提供）

「タダにする会」の結成

「長浜地区小中学校教科書をタダにする会」の結成

一九六一年二月一一日の第一回南区教研に提起して全体会で承認された教科書無償運動は、具体的な準備にただちにとりかからなければならなかった。武田直房、水田精喜、岩松良子が毎晩のように宮本儔の家に集まって相談をした。隣家の中学校教員・本山百合樹《もとやまゆりき》や、仲内安尾、全日自労の本山（武田）律子、また青年学級の活動家や、東崎唯夫市議会議員（解放同盟高知県連委員長。東崎の家は高知市本町で、理容店を営んでいた）が加わる日もあった。そして話し合いの内容や連絡事項は水田から長浜小の楠瀬信一と御畳瀬地区の林田芳徳にすぐに伝えられた。人の好い宮本の妻・啓子がいつもニコニコと熱い番茶を入れてくれたことが思い出される。

このようにして慌ただしく準備がすすめられ、三月七日の「タダにする会」発足となるのだが、半世紀を経て今回ようやく発見できた岩松の記録ノート（以下、「会議録」と記す）によって、運動の当初の模様をくわしく振り返ってみよう。

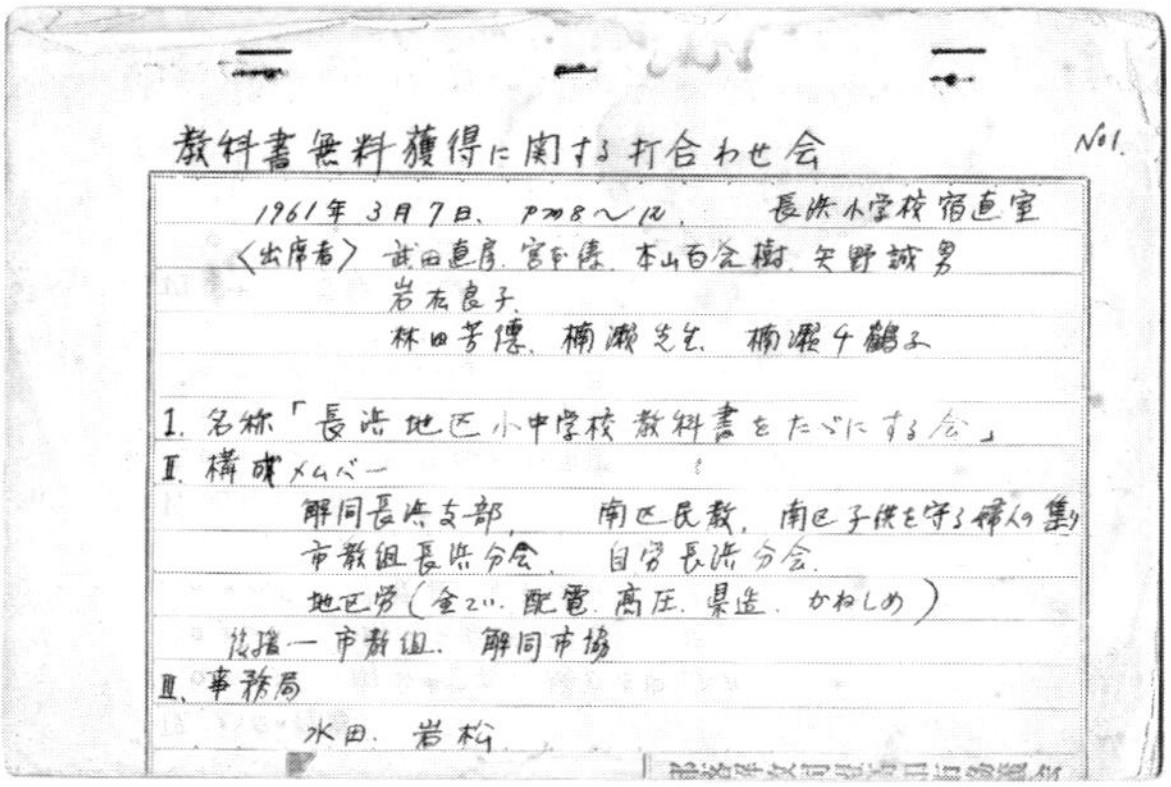

教科書無料獲得に関する打合わせ会　No1.

1961年3月7日、PM8〜12、　長浜小学校宿直室
〈出席者〉　武田直房、宮本儔、本山百合樹、矢野誠男
岩松良子、
林田芳徳、楠瀬先生、楠瀬千鶴子

1. 名称「長浜地区小中学校教科書をたゞにする会」
II. 構成メムバー
解同長浜支部、　南区民教、　南区子供を守る婦人の集り
市教組長浜分会、　自労長浜分会、
地区労（全てい、配電、高圧、県造、かねしめ）
後援―市教組、解同市協
III、事務局
水田、岩松

岩松良子による「タダにする会」の会議録

それによると、一九六一年三月七日（火）夜八時から「教科書無料獲得に関する打ち合わせ会」が長浜小学校宿直室でおこなわれた。これが公式には最初の集まりであり、運動の立ち上げである。出席者は武田直房、宮本儔、本山百合樹、矢野誠男《せいお》、岩松良子（以上、解放同盟長浜支部）、林田芳徳（御畳瀬生活と健康を守る会）、楠瀬信一（長浜小）、楠瀬千鶴子（南区子供を守る婦人の集まり、信一の妻）の八人。ここで、「長浜地区小中学校教科書をたゞにする会」の結成を決め、事務局は水田と岩松がつとめることにした（水田は欠席だった）。また、このときはまだ会の名称は「タダ」とカタカナ表記ではなく、会長、副会長などの代表者も決めていない）。

会の構成メンバーは解放同盟長浜支部、南区民教、

南区子供を守る婦人の集まり、市教組長浜分会、全日自労長浜分会、地区労とし、市教組と解放同盟市協に後援を頼むことにした。さらに、差し迫った当面の活動として一一日までの具体的な行動予定を組み、深夜一二時に散会した。こうして翌日から精力的な運動がはじまる。

南海中、長浜小に協力要請

三月八日朝、林田芳徳、宮本儔、岩松良子、楠瀬千鶴子の四人が南海中学校を訪問し、手島《てしま》春治《はるじ》校長に教科書無償の原則に立って運動に協力してくれるよう要請する。具体的には教科書販売期日（学校の予定では三月一〇日、一一日）の延期と、保護者対象のアンケート実施の延期の要請であった。あわせて、「このことによっておこるかも知れないさまざまの教育上の欠陥は、教委の責任だ。従って事態収拾は教委がとらねばならない」として、「学校は地域父母の要求とともに進んでほしい」という強い要請もおこなった。

「タダにする会」の申し入れを受けた南海中学校は同日午後五時から職員会を開き、検討した。職員会では、教科書無償の原則を確認し、教科書の販売は二〇日以後に延期することに決定するが、教科書を買う子と買わない子が出てきて、学習上の混乱が予想されるので心配だとの意見も出された。そのため、「タダにする会」への全面協力については責任がもてないということになった。

長浜小学校も三月九日、「タダにする会」の申し入れを受けて職員会を開き、南海中同様、教科書無償の原則については確認する。しかし、全面的に協力するという結論にはいたらず、また「タダにする会」への具体的な協力方法も出ずに終わった。なお、教科書販売については、前回の職員会で一六日〜一七、一八日まで延期することがすでに決まっていた。

これまで、長浜小、南海中ともに最初から一貫して「タダにする会」の運動に協力的であったように見られていたが、「会議録」によると、運動への協力態勢ができあがるまでには時間を要し、職場会（市教組分会）としては一三日、学校としての全面協力は一八日の市教委交渉を経て以降のことである。

一方、「タダにする会」は八日午後、解放同盟高知市協執行委員会に協力を要請し、引き続いて市教組福祉対策委員会へも協力を要請。翌九日には同じく市教組代表委員会に協力要請をおこなった。

「タダにする会」第一回対策会

九日には「タダにする会」結成の動きが地元新聞『高知新聞』朝刊に大きくとりあげられ、

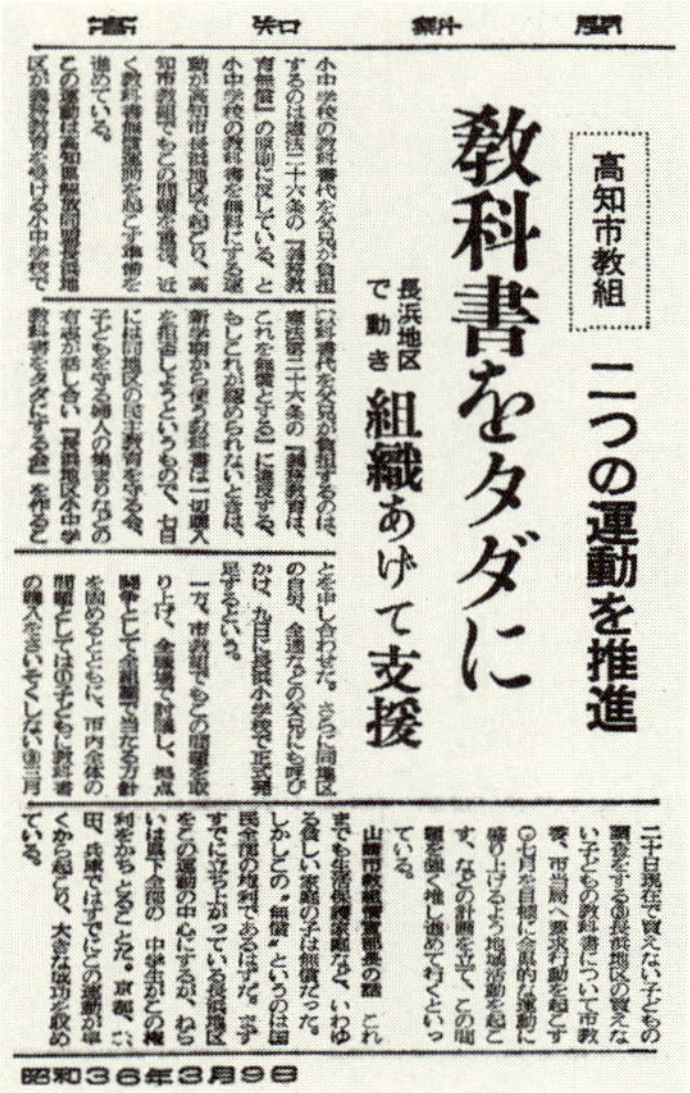

高知新聞

高知市教組

二つの運動を推進

教科書をタダに

長浜地区で動き

組織あげて支援

昭和36年3月9日

「タダにする会」結成の動きを報じた『高知新聞』1961年３月９日朝刊の記事（高知新聞社提供）

これ以後、長浜の教科書無償をめぐる動きは『高知新聞』が日々追いかけて報道していく。

『高知新聞』に大きく報道された九日の夜八時から、「タダにする会」第一回対策会が長浜小応接室で開かれた。出席者は市教組から三人、長浜小一人、南海中三人、地域一四人の二一人で、運動の中心メンバーと協力者たちが多数参加する会合となり、今後の運動の具体的すすめ方について熱心な話し合いがおこなわれた。

まず、市教組調査部長の小松徹から「安全会勝利の経過報告」がおこなわれ、引き続き「タダにする会」のこれまでの経過報告を岩松がおこなった。また、八日の南海中職員会の報告を水田が、九日の長浜小職員会の報告を楠瀬がおこなった。両校の職員会の報告が終わると、議題は運動を広げていくためのPR活動に移り、次のように各種の宣伝活動をおこなうことが決まった。

①ビラの配布　一〇日中に四〇〇〇枚の印刷をすませ、一一日の朝刊折り込みと子どもたちを通じて配布をおこなう。

②宣伝カーによる街頭宣伝　一三日午後三時に宣伝カーで県教組を出発し、二回、三回と街頭宣伝をおこなう。

③地域集会の開催　各地域の実情に応じて一五、六日ごろまでに実施する。

④講演会の開催　講師の候補者として、東上高志《とうじょうたかし》と井上清の名前があがる。

⑤長浜小、南海中のＰＴＡへの協力の申し入れ

⑥署名活動の実施　署名は不買運動への賛同の趣意で集め、一四日までを第一段階としてＰＲと署名活動を並行しておこなう。一四日午後七時に長浜小応接室に集まって総括する。

また、「タダにする会」事務局の仕事として、①一一日の市議会への要請と一三日の市教委交渉の手はずを東崎市議に頼み、交渉の動員態勢をととのえる、②ＰＲ活動の手はずをととのえる、③活動に必要な経費の集め方を考える、④実行委員会の確立をはかる、の四点が決まり、実行委員会確立までの代表者を宮本儔とすることが決まる。なお、宮本が「タダにする会」の会長に就任するのは後日のことである。

高知市議会での質問

三月一一日(土)、「タダにする会」の代表は高知市議会を傍聴し、教科書無償配布をめぐる東崎唯夫の質問に対する政平駿次郎《まさひらしゅんじろう》教育長の答弁を注目するが、その答弁は「会議録」には次のように記されている。

法律で保護者の子女就学強制義務が明記されているのだから、義務教育無償ということは或いは行政の責任かも知れない。しかし、授業料を徴収しないとうたってはあるが、教科書無償とは書かれていない。

そして又、この無償をどこまでつらぬくかというと、国の負担能力と密接な関係をもつ。国の施策がなければ、自治体だけでは困難だ。

勿論、準困児童への援助はやらねばならない。

「タダにする会」は東崎と連絡を密にして、一一日の市議会を傍聴したものと思われるが、教科書無償をめぐっての質問は、実は東崎が最初ではなく、八日に山本準一が質問している。

山本が教科書無償に関して質問をおこなったのは、一九五九年の高知市議会議員選挙で当選した大村之彦《ゆきひこ》、小笠原国躬《おがさわらくにみ》、積治立《はるたつ》、東崎唯夫、藤沢喜郎、矢野春治、山本準一の七人で革新クラブを構成（当初は入交敬之助を含め八人で結成）し、共同歩調をとっていたことによるものと思われる。このことにいままでだれも触れてこなかったのは不思議なことだが、一連の市議会での議論を『高知市議会ニュース』No.79（一九六一年四月二六日）から抜き出してみよう。八日に山本準一のおこなった質問と教育長の答弁は次のとおりである。八日というのは「タダにする会」が結成された翌日のことである。

山本　教科書不買運動についての対策如何《いかん》。

教育長　教科書不買運動については、国の施策を拡充する方向でやってもらわんと困る。一自治体だけでは困難であるし、教育行政上も困るのでそういうことのないよう協力してもらいたい。

山本　教科書不買問題は国に対して行なえというが集団行動をとると処分される現状だ。

教育長　教科書不買運動については、正しい与論（ママ）によって国に訴えるということで集団行動のことについては考えていなかった。正しく秩序を保つ集団行動を阻害する考えはない。

山本は長浜での動きを承知したうえで、不買運動への対応を尋ねているし、答弁する教育長もそれを把握しているかのように答弁している。ということは、七日に「タダにする会」が結成され不買運動が開始されることが、ある範囲の人びとには事前に伝わっていたことになる。したがって、東崎唯夫を中心に市議会内部の革新クラブとの連携を得て、当日の結成にいたったものと考えられる。

山本の質問を引き継いで、一〇日に東崎唯夫が関連質問をおこなうが、時間切れのため答弁は翌一一日に持ち越されることとなった。東崎の質問と教育長らの答弁は次のようなものであった（最初の東崎の質問のみ一〇日で、続く教育長の答弁からはすべて一一日のやりとりである）。

東崎　憲法には「義務教育はこれを無償とする」とある。これを守って、教科書を買わないと言っている父兄があるがどうするか。

教育長　義務教育無償の原則は現在のところ学用品にまで及ぶものではないと考える。もちろん、この原則はできるだけ拡大すべきであるが、国の強力な施策のない限り、自治体のみの力では困難な問題である。なお、試算してみると、無償配布した場合、三十六年度の小学校と中学校の一年生で約四百九十五万円、全学年を対象とすれば、約二千百九十二万円を必要とする。

東崎　義務教育において、父兄の負担を要するとの法的規定はどこにあるか。
教育長　教育基本法第四条の二、（学校教育法）第六条、第二十五条等、具体的には、あげていないが、無償の原則はこれであるということを示していると思う。
東崎　教育長の解釈の「法律の定めるところにより」を「義務教育はこれを無償とする」に結びつけるのはおかしい。現実に買わないという者が出ている以上、どのように処置するか。また、これに対して、市の最高責任者としての市長は如何《いか》なる見解を有するか。
市長　購入能力のある者まで支給することは、理念としては正しいとしても、現実の行政としてはできない。
教育長　私の答弁は、教育長としてはこう考えるとして法解釈を発表したものである。ただ、現実の問題としては、市長の答えたとおりであって、教委としても同様に考えている。

ここで重要なのは、教育長は憲法第二六条の「義務教育は、これを無償とする」のなかに、教科書が含まれるかどうかは国の施策によるという見解をとっているのに対し、市長は教科書の無償支給を理念としてと限定的ながら認めたところである。ただ、現実的には実行不可能という点では両者は一致していたのだが。

一一日午後、東崎の質問と教育長、市長の答弁が終了し、「タダにする会」代表一〇人ほどは議会休憩中に氏原市長、政平教育長、浜川教育委員長に面会し、「憲法は、義務教育無償を明記しており購買能力の有無にかかわらず無償配布を要求する。この運動は強力に進められており、教育現場に混乱の起らないよう措置してほしい」と要望した。

最初の市教委交渉

三月一三日(月)、「タダにする会」は高知市教委と初めての交渉をおこなった。市教委からは政平教育長、浜川教育委員長、久保学校教育課長が出席し、「タダにする会」側は市教組(小島速美、小松徹、熊沢昭二郎ほか)、民教(池上、国友ほか)、全日自労(西尾美恵子ほか)、解放同盟(宮本儔、岩松良子ほか)の四〇人ほどであった。「会議録」によれば、このとき教育長は次のように回答している。

教育長 理念的には全面的に反対ではない。しかし国の施策がはっきりしなければ自治体だけでは何ともしかねる。自治体の負担能力ということも考えねばならぬ。生活上の理由から四月になっても教科書を買えない者のことは我々は考慮する。しかし買える家庭にはあくまでも買ってもらわねばならぬ。一切の責任を教委がおえ、というのはおかしい。

話し合いは平行線のまま正午に教育長交渉は終了し、「タダにする会」のメンバーは午後から市議会議員に個別に説得活動をおこない、午後三時には県議会議長に陳情をおこなった。そして午後四時から教組の宣伝カーで岩松が長浜全域をまわって街頭宣伝をおこなった。

市議会総務委員会（合同審査会）での議論

三月一四日（火）には高知市議会合同審査会が前日に引き続き開催され、総務委員会では山本準一（総務委員会所属）や東崎唯夫（経済委員会所属）、大村之彦（建設委員会所属）から教科書無償に関する質問が出された。前掲『高知市議会ニュース』から抜き出してみる。

山本　準困児の教科書購入費補助金の額は人数で算出したか、国の補助額に人数を合せたものか。

教育長　国の補助金を基に昨年の実績により組んだものである。該当人員の増加の場合には追加予算を計上する考えで、出来るだけ市費を注ぎ込むようにしたい。

東崎　教育基本法、学校教育法により授業料は無料であるが教科書についてはそう考えないとの教育長の見解は現在も変っていないか、学校教育法二十一条には教科書は有料だと明記されていない、当然国が負担すべきと考えるが如何。また法に基いて不買者が出て教育現場で混乱が起る恐れがあるが、その時は如何に処置するか。

教育長　骨子としては本会議での答弁通りである。教科書の買えない者に対しては出来るだけの措置は必要であるが、買う能力のある者は買ってもらい混乱をさけてもらいたい。総ての者に買い与えることは世論として国に要請することは考慮しているが、現時点において直ちにと言うことは現実では困難と思う。

東崎　たとえ市町村の直接負担でないとしても尊法（ママ）の精神から、教育担当責任者として国の負担を明確に打ち出した上で財政上困難だということを明らかにしてもらいたい。

教育長　憲法二十三（ママ）条の理念はそうだが、市町村の負担能力には限度があので（ママ）、更に拡充するためには国の施策をまたねばならんと考えている。

東崎　授業料は無償で教科書は有償であるとは明記されていない、この点を明確にされたい。

教育長　授業料は無償と明記されている処から考えて、買える者までやれと言う解釈は持たない。

東崎　昭和二十六、二十七年と二年に亘り教科書を買い与えた事実をいかに解釈するか。

教育長　それは国の施策によって実施したが、負担の関係で中止になったものと思う。
大村　実際不買者が出た場合の処置如何。
教育長　現場に混乱の起った場合の処置は教育委員会で検討しなければならない問題であり、教育長としては直ちに答弁は困難であるがそのような事態の起らないよう配慮されたい。

政平教育長の考え方にはほとんど変化は見られず、その後の交渉は難航が予想されたが、三月一八日の「タダにする会」との大衆交渉では、一定の譲歩と約束が得られ、解決にむけて一歩前進するかに思われた。

高知市教育長との大衆交渉まで

高知市教組と教科書無償運動

「タダにする会」が結成された一九六一年三月七日の会合に市教組からの出席者はなかったが、九日に開かれた第一回対策会には小島速美（市教組文化部長）、小松徹（市教組調査部長）のふたりが参加している。しかし、市教組の参加はこれが初めてではなかった。三月九日付『高知新聞』には、山崎市教組情宣部長の「この〝無償〟というのは国民全部の権利であるはずだ。まずすでに立ち上がっている長浜地区をこの運動の中心にするが、ねらいは県下全部の□（空白）中学生がこの権利をかちとることだ」とのコメントと並んで、市教組の教科書無償運動に対する方針が掲載されている。

高知市教員組合の方針

一　長浜地区の運動を全職場で討議し、拠点斗争として全組織で保証する。

二　市内全体の問題《（ママ）》して

イ　子供に「早く買え」というさいそくは絶対にしない。

ロ　ＰＴＡ会費、学級費、教師のポケットマネーで買えない子どもに教科書を買い与えることはしない。

ハ　三月二十日現在で買えない子供の調査をして集約する。

三　長浜地区、買えない子供の教科書について、市教委、市当局へ要求行動をおこす。

四　教科書を持たずに来る（予想されるので）子どものことを職場全体で討議し、その子どもたちをつつんだ学習活動ができるよう教育計画を立てる。

五　七月を目標に全県的な運動にもりあげるよう地域活動をおこす。

基本的に市教組の方針は長浜の運動を「拠点斗争」と位置づけつつ、全市から全県へ拡大していこうというものであって、市教組として全面的に「タダにする会」の運動を支援する態勢が運動の当初から準備されていたことは明らかである。また、教科書を持たない子どもたちの学習権の保障も視野に入れており、のちに教科書を使用しない授業がはじまったとき、市教組はガリ切り（謄写版印刷）も含め、応援態勢をしっかりと整えていた。
一方、当該校である長浜小・南海中では学校として「タダにする会」への全面協力の方針はすぐには決まらなかったものの、組合としては長浜小・南海中合同職場会を三月一三日に開いて、「タダにする会」の運動の正しさを確認し、市教組の方針にそって運動への全面的協力の方向を打ち出した。

長浜小・南海中合同職場会の具体的方針

1　教育は国民の責任において行なうという意味から、教育費の全額国庫負担を実現し、ＰＴＡ会費を撤廃すべきであるという確認のもとに、さらに職場討議をかさね、当地区が拠点斗争であることの重要性を自覚する。
2　この会の運動を支援し、市教委、市当局への要求行動をおこす。
3　運動の発展のために教科書の販売期日を延期する。
4　教科書を持たずにくる子どものことを職場で討議し、子どもたちをつつんだ学習活動ができるよう教育計画をたてる。
5　無償運動と教科書研究を結合さし、どこまでも教育を国民のものにする（国民教育の確立）運動としてすすめる。

市教組の方針を確認しその内容を踏襲したものであるが、二番目にあるように市教委への大衆行動にはともに参加して「タダにする会」の運動の一翼を担うことを表明し、さらに「無償運動と教科書研究を結合」させ「国民教育の確立」をめざしている点で、一歩先んじた方針ともいえよう。

一方、高知県教職員組合（県教組）の方針については定かではないが、県教組文化部として三月末ごろに「教科書無償運動を全県民の運動として発展させよう」との呼びかけをおこなっている。そこでは、教科書無償運動を「安保体制のもと、日米軍事同盟の強化と独占資本よう護政策をうちこわす運動の一つ」と位置づけるとともに、このたたかいは「広い層の国民の権利に対する自覚を高め、国民がみずからの権利と生活をかちとる運動」であり、「教師と国民の結合を深めるもの」であるとした。

「タダにする会」第二回対策会の開催

三月一四日（火）夜八時から、長浜小学校応接室で「タダにする会」の第二回対策会が開かれた。出席者は武田直房、武村文男、宮本儔、浜村一《はまむらはじめ》、本山律子、仲内安尾、岩松良子、坂上《さかうえ》玉野《たまの》、鍋島、林田芳徳、楠瀬千鶴子、水田精喜、本山百合樹、小松徹、小島速美、熊沢昭二郎の一六人で、議長は水田がつとめた。

まず経過報告がなされ、署名活動については現在一～二割の段階で、門前《もんぜん》地区はほぼ完了したが、南部、御畳瀬、南地《みなみじ》、横田野《よこたの》、日出野《ひいでの》の各地区はこれからまだ伸びる見通しであり、みんな大層乗り気であって反対論は出てきていないとの報告がなされた。署名数は一四日現在、小学校二九九人、中学校一七六人の四七五人であった。また、小中学校の連絡会での話し合いは、教科書販売の時期が小学校では新学期、中学校では二三、二四日と異なっているので、統一させたいということになった。続けて、一三日の市教委交渉や市議会での議論の様子が報告され、南海中学校のＰＴＡ支部長会では教科書無償の原則が確認されるとともに、混乱がおこらないなら「タダにする会」に協力することも決まったとのことであった。

報告のあと、討論に入り、本屋への対応の問題、ＰＴＡへのはたらきかけ、一八日の市教委交渉、教組の分会へのはたらきかけ、実行委員会の結成などについて話し合われた。本屋へは、教科書販売期日を新学期まで延期させるよう宮本が交渉することになり、ＰＴＡへのはたらきかけについては一六日の長浜小のＰＴＡ支部長会に岩松、楠瀬と教師ひとりが参加し、趣旨説明と運動への協力要請をおこなうとともに、市Ｐ連へのつきあげを頼むこととなった。一八日

〈収入〉		
カンパ		事業収益
同盟支部	3000	映画「武器なき斗い」16ミリ
民教	3000	フイルム代　3000円　20円×500枚＝10000円
市教組	3000	10000円－3000円＝7000円
県教組	2000円	収益　7000円
	合計	18000円

〈支出〉		
ビラ配布（三回）	9000円＋1500円＝10500円	
宣伝カー（二回）	1500円	
動員経ヒ（車代）	3000円	
雑費	3000円	合計　18000円

の市教委交渉に関しては、大がかりな動員をおこなうことを決定し、前日に宣伝カーを出して呼びかけをおこなうことにした。一八日は午前九時半市役所集合、一〇時から交渉開始、戦術については実行委員会をつくって検討することとなった。また、署名活動については、一八日の交渉までに署名をやりきることを申し合わせた。小中学校へのはたらきかけに関しては、一五日の小中学校連絡会で説得することを決め、市教委からの校長への圧力（準困児童数の調査など）を排除するために、「タダにする会」として校長との話し合いをもつことも決まった。

実行委員会の構成メンバーとしては、武田直房、宮本儔（支部）、石野泉、楠瀬千鶴子（民教）、仲内安尾（長浜婦人学級）、浜村一（全逓）、坂上玉野（御畳瀬）、水田精喜、岩松良子（事務局）、本山律子（全日自労）、楠瀬信一（長浜小）、本山百合樹（支部）、小島みどり（横浜）、〇〇（市教組）とすることを決め、全市的に広汎な支援層をつくるため、各民主団体に呼びかけることとした。また、会の活動経費として、前ページ掲載の事務局案が提案された。

地区集会については、南部は一八日、門前は一九日にともに午後七時三〇分開催が決まり、他地区についても順次開催することとなった。また、子ども集会も南部は二〇日午後七時から開催することを決めた。

長浜小学校PTA支部長会

このように「タダにする会」の活動が順調にすすむなか、三月一五日には「父母会」という団体のメンバー四人が長浜小を訪れて校長と面談し、「なぜ教科書を売らないのか、早く売れ」と迫っており、早くも教科書無償運動に反対する動きが出てきている。「父母会」は、数年前の勤評反対闘争のおり、高知県教組が組織した「民主教育を守る会」に対抗する団体として保守勢力によってつくられた団体であった。この日訪れた四人は小学校近辺の住民であるが、うちふたりは「在郷軍人会」のメンバーで、児童の「父母」ではなかった（彼らの顔と名前を岩松はいまも覚えている）。この「父母会」の人びとを後ろ楯《だて》にして、のちに「タダにする会」に対立する「長浜地区正規な教育促進の会」が結成されることになる。

三月一六日午後四時から七時半にかけて、「タダにする会」は二回目の街頭説明会をおこない、市教組の小島速美と小松徹、事務局の岩松が参加した。

同日午後八時からは長浜小学校ＰＴＡ支部長会が開かれ、「タダにする会」から岩松と楠瀬信一が出席し、教科書問題の説明と協力方依頼をおこなった。席上、出された問題点は、①原則的には結構だ。しかし運動が差し迫りすぎている。どうしてこんなに差し迫ってからはじめたか。こんなに遅れたのだから、もう来年のことにしてはどうか。②運動をおこす前にわれわれにもっと早く相談してほしかった。③四月まで買わないでいて、本当に無償でもらえるのか、それを保証できるのか。もし成功しなかった場合、買うのを延期した子どもたちの犠牲をどうしてくれるか。④買わない人はそれでよいが、買いたい人に強要することはできない。学校はなぜ一方の言い分だけを聞くのか。早く売ってくれ――というようなものであったが、討議の結果、次の三点が確認された。

1　「タダにする会」の運動の趣旨は原則的に確認。
2　一八日がヤマだから、その結果をみて再度支部長会を開く。
3　二四日までに教科書を売ってほしいし、遅くとも月末までには売ってほしい。また、販売する時は万全の措置をとり、全員に徹底させてほしい。

同日、長浜小の職場会が開かれ、一八日の市教委交渉の結果をみて、「タダにする会」に協力するビラを配布することが決定される。

三月一七日夜七時三〇分から一一時まで、「タダにする会」は翌日の市教委交渉に向けて打ち合わせをおこなった。そこでは、「この運動を勝利させる基盤は、絶対買わないという父母をいかに確保するかにかゝっている」「署名だけに頼るのでなく、大小の地区集会を通じて市教委交渉などの具体的な要求行動に立ち上ることにかゝっている」などの意見が出され、交渉に臨む姿勢としては「我々は基本的・原則的な主張をつらぬきつゝ、現在の教育行政上の実態・貧困、父母へのしわよせなどを多角的に出して市教委をおいつめて行く。それを今日の大衆の暮しの窮迫と結びつけて出す。その中から教科書不買を出してゆく」ことを確認した。また、交渉のすすめ方としては「交渉は宮本が中心的な役割を果しつゝ、大衆の率直な発言を促す。指導部は大衆の発言を助けて市教委を追求する方法をとる」ことを決定した。

高知市教委との第一回大衆交渉

三月一八日午前一〇時、「タダにする会」に結集した長浜地区の保護者、市教組、民主教育を守る会などの代表六〇人ほどは市役所内で政平教育長と会って、義務教育の児童生徒の教科書の全額公費負担を要求した。しかし、政平教育長の答弁は、無償配布の問題については、経済的理由で買えない家庭にはこれまでのワクを拡げて公費で買い与えるよう努力する、との主張を繰り返すにとどまり、進展は見られなかった。さらに、買える家庭と買えない家庭の判定をどうするのかと迫ると、学校の調査をもとにするが、事務局や委員会でもさらに検討して正しい判定をおこなうことにすると答えたため、「タダにする会」の代表は現在約一〇〇〇人に達した保護者の署名が正しい資料であると追及し、交渉は結論にまではいたらなかった。それでも、この交渉のなかで、市教委は次の六点を約束した。

一　憲法の精神にそって教科書をタダで配布せよという要求は原則として正しいことを認める。
二　準要保護児童生徒に対する教科書代給付のワクを大巾に広げる。
三　新学期に入って混乱をさけるために、学校長が学校の費用で教科書を買いあたえた場合、その赤字をうめるために、教育委員会が費用を出すこともできる。
四　PTA会費をとって学校の経費にあてることは法違反であり、教育委員会の責任であるから今後は全廃する方向で努力する。

五　この運動に協力する教師を、勤務評定や人事異動で不当なとりあつかいをしない。

六　教育委員会は長浜に出で《(ママ)》地区民の声を直接聞く。

これまでと同様に、教科書無償要求の正当性を認めつつも、実際的には無償給付の枠の拡大で対応するという姿勢に大きな変化はなかった。しかし、四点目、五点目の言質《げんち》はこれまで市教組に対しても出したことのない大きな成果であり、また六点目にあるように、長浜地区の保護者の要望を聞くため現地へ出向いていくと約束したことは、市教委の真摯な対応の表れでもあった。こうして、次の市教委交渉は場所を長浜に変えてすすめられることとなる。

高知市議会「教科書無償要望決議」

同じく三月一八日に開かれた定例市議会本会議において、小笠原国躬、矢野春治、藤沢喜郎、大村之彦、積治立、東崎唯夫の連名で、国に対して義務教育の教科書の無償配布を求める意見書議案が提出され、同日全会一致で採択された。こうして、憲法にもとづく教科書無償の要望は、「タダにする会」の市への要求とは別に、国の施策を求める声として高まっていく。

市議第四号

義務教育課程の教科書無償配布についての意見書議案

新しい憲法の保障のもとに教育制度の画期的な転換が行なわれましたが、我々は民主主義の理念にのっとりこの普及徹底に努力する義務があると考えます。

昭和二十九年に政府は、小学校一年生の国語と算数の教科書を全国の全児童に無償配布しました。

この措置はわずか一年で取り止めになりましたことは、はなはだ残念であります。

憲法第二十六条には「すべての国民は法律の定めるところにより、その保護する子女に普通教育を受けさせる義務を負う。義務教育はこれを無償とする。」との規定もありますから、保護者の負担を軽減し、義務教育の徹底を期するため、政府はすみやかに義務教育に要する教科書を無償配布とする措置を講ずるよう要望します。

右地方自治法第九十九条第二項の規定により意見書を提出いたします。

昭和三十六年三月十八日

高知市議会議長　野老山　斉

内閣総理大臣　池田　勇人殿

大蔵大臣　水田三喜男殿
文部大臣　荒木万寿夫殿

この意見書採択は画期的な成果であったが、内容には大きな誤りがある。意見書議案は「昭和二十九年に政府は、小学校一年生の国語と算数の教科書を全国の全児童に無償配布しました。この措置はわずか一年で取り止めになりましたことは、はなはだ残念であります」となっている。しかし、一年生への無償配布は一九五一（昭和二六）年から一九五三（昭和二八）年まで三年間継続されており、一九五四（昭和二九）年はその制度が停止となった年なのである。

また、この日は市議会への請願事項が各委員会へ付託され、熊沢昭二郎（南海中学校教員）を代表者とする「教科書代の全額国庫負担の決議要望に関する件」も総務委員会に付託されることとなった。この請願は「昭和三十六年度より教科書がかわり全児童、生徒は新らしく教科書を購入せねばならないが、教育費無償の原則を実現するため貴議会においてその決議をし国会へ要求するとともにその具体的実現のための処置を講ぜられたい」との趣旨で、三月一三日に市議会へ提出されたものであり、先の「義務教育課程の教科書無償配布についての意見書議案」はこの請願の趣旨を反映したものと思われる。なお、この請願は六月三〇日の定例市議会において採択されている。

高知市教委の文部省あて照会文

一方、この三月一八日付で、高知市教育委員会は荒木万寿夫《あらきますお》文部大臣あてに照会文（「憲法第二十六条の解釈の関連について」）を送っているが、そのことを「タダにする会」のメンバーが知るのは運動の中盤、文部省からの回答を報じた『高知新聞』の記事によってであった。

憲法第二十六条の解釈の関連について

当市長浜地区においては、憲法第二十六条の解釈にもとづく権利闘争と称して教科書不買運動を起し、当地教育委員会にその処置を求めて居りますところ、当委員会としては下記のよう考えますので、これにつきご見解を賜りたくお願いいたします。

なお、この種の事実があればその情況等をあわせてお知らせ願います。

記

憲法第二十六条第二項の「義務教育はこれを無償とする」とあるのは国が義務教育についての就学を強制する以上無償を原則とするということであるが、これは義務教育において保護者にたいする無制限な無償を意味するものではなく、「法律の定めるところにより」自ら限界があり、すなわち教育基本法第四条ならびに学校教育法第六条によって、国立及び公立の義務教育諸学校においては授業料を徴収しないことであり、その上に学校教育法第二十五条により就学の困難なものにたいしては市町村は援助を与えなければならないことを明らかにしているものである。

したがって学校教育法第二十一条によって教科用図書使用の義務を規定しているが、これは教科書の範囲を規定したものであって教科書を他の学用品等に優先して地方自治体のみで負担して支給すべきいわれはないと解釈する。

なお、文部省からの回答文（内藤初等中等教育局長名）はちょうど一カ月後の四月一八日付文書にて高知県教委経由で市教委あてに送付される。

長浜で、教育長と大衆交渉

長浜での教育長交渉へ

政平教育長たちが地区民の声を聞くために長浜に出向く日が三月二五日(土)午後一時、長浜小学校講堂と決まると、「タダにする会」はさっそく宣伝カーを出し、ビラを配布して教育長交渉への参加を広く呼びかけた。「教科書をタダでくばらせるために要求大会に集ろう!!」と呼びかけたビラは、一八日の市教委交渉の結果と同日可決された市議会の意見書決議の内容をのせて、「以上の成果にたって私達はなおいっそうこの運動を盛り上げなければなりません。三人でも四人でも集まって、この運動のもつ意義を話し合って下さい。教育委員会が責任をもって教科書を買いとり、子どもたちにタダでくばるまで、私達は買わずにがんばりましょ

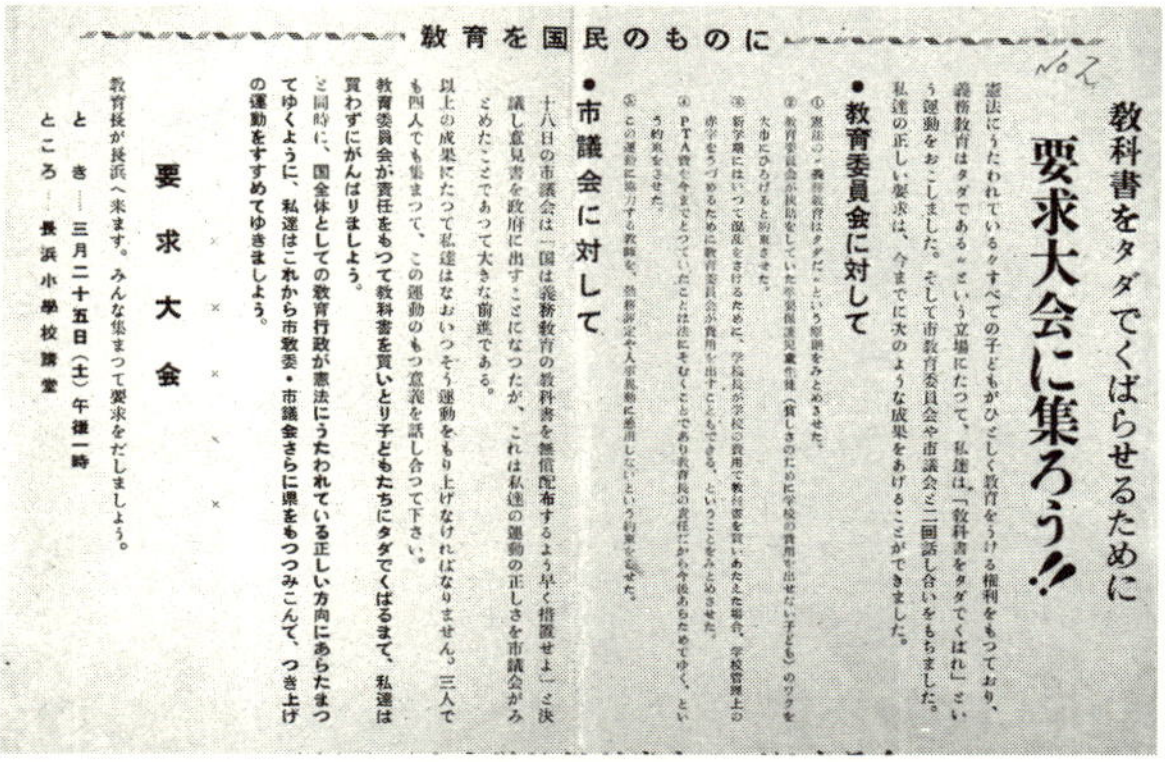

教育を国民のものに

教科書をタダでくばらせるために

要求大会に集ろう!!

No.2

憲法にうたわれているすべての子どもがひとしく教育をうける権利をもつており、義務教育はタダであるという立場にたつて、私達は「教科書をタダでくばれ」という運動をおこしました。そして市教育委員会や市議会と二回話し合いをもちました。私達の正しい要求は、今までに次のような成果をあげることができました。

●教育委員会に対して

① 憲法の〝義務教育はタダだ〟という原則をみとめさせた。

② 教育委員会が扶助をしていた要保護児童生徒（貧しさのため学校の費用を出せない子ども）のワクを大巾にひろげると約束させた。

③ 新学期にはいつて混乱をさけるために、学校長が学校の費用で教科書を買いあたえた場合、学校管理上の赤字をうづめるために教育委員会が費用を出すこともできる、ということをみとめさせた。

④ PTA費で今までとつていたことは法にそむくことであり教育長の責任だから今後あらためてゆく、という約束をさせた。

⑤ この運動に協力する教師を、勤務評定や人事異動に悪用しないという約束をさせた。

●市議会に対して

十八日の市議会は「国は義務教育の教科書を無償配布するよう早く措置せよ」と決議し意見書を政府に出すことになつたが、これは私達の運動の正しさを市議会がみとめたことであつて大きな前進である。

以上の成果にたつて私達はなおいつそう運動をもり上げなければなりません。三人でも四人でも集まつて、この運動のもつ意義を話し合つて下さい。

教育委員会が責任をもつて教科書を買いとり子どもたちにタダでくばるまで、私達は買わずにがんばりましょう。

と同時に、国全体としての教育行政が憲法にうたわれている正しい方向にあらたまつてゆくように、私達はこれから市教委・市議会さらに県をもつつみこんで、つき上げの運動をすすめてゆきましょう。

要求大会

教育長が長浜へ来ます。みんな集まつて要求をだしましょう。

と　き……三月二十五日（土）午後一時

ところ……長浜小学校講堂

教育長交渉への参加を呼びかける「タダにする会」のビラ（部落解放同盟高知市連絡協議会蔵）

う。と同時に、国全体としての教育行政が憲法にうたわれている正しい方向にあらたまってゆくように、私達はこれから市教委・市議会さらに県をもつつみこんで、つき上げの運動をすすめてゆきましょう」と力強く訴えている。今回の教育長との大衆交渉は、教科書無償運動にとってその後の形勢を左右するきわめて重要な局面であり、『高知新聞』も交渉当日の朝刊に、「教科書不買運動の父兄と話し合い／政平高知市教育長らきょう長浜小へ」の見出しで、市教委が「新学期をひかえ問題を早く解決するため現地訪問」することとなったと報じたほどであった。

盛り上がる大衆交渉

いよいよ三月二五日、岩松良子が午前一〇時ごろ長浜小学校講堂に行くと、水田精喜と楠瀬信一ら長浜小の教師たちによって会場の設営がすでにはじまっていた。「お世話をおかけします。よろしくお願いします」とだれかれに頭をさげてあいさつする。習字の教師らしい男性が長い白紙を床にならべて慎重に要求項目を書き入れていて、そばで何人かが満足げにそれを眺めている。あと一枚はひときわ力強い「教科書をタダにする要求大会」の横書きだ。匂い立つばかり墨痕あざやかに大書された文字に見入りながら、いよいよだと胸が躍る。教育長たちに座ってもらう机と腰掛けがつぎつぎに運びこまれる。太巻きのゴザも講堂いっぱいに敷きつめられ、広い空間が整っていく。水田はマイクの調子を試したり、大きなオープンリールの録音機を点検したりしている。いよいよだ、今日の交渉こそ教育長との本当の大衆交渉だ、この広いゴザをどれだけの父母住民が埋めてくれるだろうか。高まる実感と不安、興奮を抑えきれず、岩松は講堂中をやたら歩きまわったり、南面の窓際に座りこんだりした。

そのうち宮本儔や武田直房、本山律子、仲内安尾、堀川依《ほりかわより》亀《き》ら、主だった南部のメンバーがやってきた。最初のあいさつと発言のリードは宮本がして、あとはなるべく多くの人が金のかかりすぎる教育への不満や意見、日ごろの願いを自由に率直にぶつけようと、打ち合わせはできていた。楠瀬千鶴子や坂上玉野、塩谷学習グループの会員たち、一般の父母もつぎつぎに集まってきた。夫婦一緒に参加する人もいた。なかでも心強かったのは、失業対策事業で働く全日自労の母親たちがまるで制服のようなお揃《そろ》いの白い割烹《かっぽう》着《ぎ》をつけて集まり、前列から順に賑《にぎ》やかに陣取ってくれたことだった。団結の心意気に光る真っ白な割烹着は、改まったよそ行き

長浜小講堂での市教育長交渉。中央が政平教育長（1961年３月25日、高知新聞社提供）

など買えない貧乏暮らしの知恵であり、職場の申し合わせでもあったろうか。また会場後方には、高知市内から駆けつけた村越《むらこし》末《すえ》男《お》（解放同盟県連）や婦人団体の指導者の入江道子たち、支援者の姿も見えた。こうして、岩松の杞《き》憂《ゆう》をよそに、会場はほぼ四〇〇人近い人びとで埋めつくされ、軒昂《けんこう》たる雰囲気のなかで教育長交渉がおこなわれたのである。

この三月二五日の大衆交渉については、『高知新聞』（一九六一年四月四日）がその様子を詳しく報じている。長文であるがこの記事を引用し、要求大会の写真とともに当日の模様を再現しておこう。

その日―政平教育長の顔は心なしか青ざめていた。堅い木イスに腰を落ち着けてから六時間近い長時間の間、三百人を越える高知市長浜地区の父母を相手に、浜川同市教育委員長ら五人の〝味方〟がいるとはいえ、ほとんど孤軍奮闘せねばならない多難な前途を予感していたためだったかもしれない。〝教科書を買わないことが平和憲法を守る一つの戦いだ〟と信じ切っている父母を、説得しに現地へ乗り込んだ教育長にとって、緊張で表情がこわばるのも当然のことだった。さる三月二十五日、小中学校の〝義務教育教科書をタダにする会〟(宮本俦会長)が、「私たち長浜地区の父母は、憲法を守るために教科書を買いません」と正面切って教育長に宣言した日だった。

× × ×

教育長らが姿を見せる午後一時半前から、地区の父母らが続々会場に詰めかけた。その大半が、エプロンをひっかけ、ゲタばきの母親たち。ことし初めて小学校に入学する子をかかえた若い母親もいた。中学校にはいる子を持った日雇いの中年の母親もいた。しかし、この会場に集まった母親や父親は口々に「教育長、私たちは新学期になっても、子どもに教科書は買いませんぜよ」と断言するのだ。教育長の顔は暗く、この父母たちを見つめていた。教育長の答弁は初めからほとんど変わらなかった。「義務教育無償の原則は認めます。が、市の負担能力を考えますとき、やはり買える能力のある方には買っていただく。どうしても買えない方には、準困者のワクをできるだけ大幅に広げ市教委で無償配布します」。この答弁のたびごとに「教育長！そりゃ、矛盾じゃないか。無償の原則を認めなが

高知新聞

教育長に強く迫る

教科書をタダにする会

高知市長浜

高知市長浜地区小、中学校の教科書をタダにする会（宮本鶴会長）の要求大会は、二十五日午後一時半から地区住民約三百人が長浜小講堂に集まって開かれ、政平高知市教育長、浜川同教育委員長ら六人も出席した。まず宮本会長が、市教委との交渉経過を報告、「市教委側はこれまでに①教科書のタダの原則を認める②準生活困窮者のワクを広げる③PTA会費は適当でないなど五項目を確認した」と述べ、政平教育長らと話し合いにはいった。同教育長は「教科書を新学期から全員に無償で配ることは教育長だけの権限ではできない。しかし、生活保護家庭の子弟はもちろん、準貧困者のワクを大幅に広げ、できるだけ多くの父兄に負担をかけないよう努力したい」と回答した。

これに対し出席した地区民は口々に「義務教育無償の原則を認めながら、準貧困者のワクを広げるという回答は矛盾しており納得できない。新学期からの教科書は買わない」と抗議、また四月の新学期に教科書を持参しない子どもが大勢登校したとき、教育長はどう責任をとるかと地区民側が激しく詰めより、会場は一時混乱した。結局同教育長は「後日要求があれば再び現地に出向く」との提案を了承、交渉は同六時半終わった。

教科書をタダにせよと要求する地区民

昭和36年3月26日

教育長交渉を報じた『高知新聞』1961年３月26日の記事（高知新聞社提供）

ら！」と怒りを含んだ発言があちこちから飛んだ。

×　×　×

「私たちのこの運動はだれっちゃあからも後ろ指をさされやせん運動じゃ。憲法二十六条には、ちゃんと〝義務教育無償〟と出ちゅう。この戦いは、一番大切な憲法を守る戦いぞね」これが、出席したもの全員の頭の中にある根本的な考え方だ。一方、教育長ら行政者の頭にあるのは、〝義務教育無償〟の規定が、教科書をも含むものであるか、どうかに疑問を持ちながらも〝無償〟と憲法に明確に記されているのはいわば法としての〝原則〟である。だが、それはあくまで〝国の施策〟がないことには実現不可能だし、第一金がないから、現実問題としては、実現は到底ムリな注文。もし、無償にすれば、長浜地区だけで年間百三十三万余円。全市に適用すれば、二千万円以上の予算がいる。これをどうひねり出すか問題である。いわば〝理想と現実との板ばさみ〟を、地方の一教育長が背おわされた重大問題なのである。

×　×　×

〝憲法を守るために、子どもたちには教科書を買わない〟一見パラドックスに聞こえるこの〝教科書をタダにする会〟が誕生したのはさる三月七日。この運動の中核になったのは、県解放同盟長浜支部、同地区の民主教育を守る会、子どもを守る婦人の集まりなど四、五の民主団体。バックを市教組がささえた。この運動の趣旨が失対人夫など、貧しい家庭が多い地区の父母を強くとらえた、といえる。中には小、中学生四、五人をもつ親もある。この人たちにとって、ＰＴＡ会費、給食費、教科書などの出費はすごく重い負担なのだ。せめて、教科書代だけでもタダになれば、助かるのである—。こうして中核団体は〝教科書を買わない〟という児童、生徒の署名を、全体の四分の三近い千五百人も集めたという。

結局、この大会では、結論は出なかった。

講堂をゆるがした団結の力

「私らあは物乞いをしゆうがじゃない。憲法を守れと言うているだけですぞね」「今日は学級費、今日は生徒会費、今日はＰＴＡ会費じゃいうて、どればあ学校にお金がかかりゆか、教育長さん、知っちょりますか」「今まで納めた法律違反の金を返してもらおう」「新学期になっても私らは教科書を買いませんぜよ」

固いゴザの床に膝をよせあうように座った人びとは、朝早くから夜暗くなるまで働きつづけなければならない日ごろの気持ちや行政への怒りをつぎつぎに素朴な言葉でぶちまけた。実際、「私たちのこの運動はだれっちゃあから後ろ指をさされやせん運動じゃ。憲法二十六条には、ちゃんと〝義務教育は無償〟と出ちゅう。この戦いは、一番大切な憲法を守る戦いぞね」の言葉に象徴されるように、憲法をよりどころにしたこの運動は、保障された権利の行使という当たり前の運動であって、だれに対しても堂々と胸を張れる誇らしいたたかいであるという思いは、交渉に参加した人びとと全員に共通するものであった。

また、会場に集まったのは父母だけではなかった。途中から集まってきた子どもたちが講堂の後ろに立って、時折拍手を送りながら真剣に交渉の様子を見守っていたのである。大勢の親たちが顔を紅潮させ、声をふるわせて怒りをぶちまける姿を眼のあたりにして、子ども心に運動の正しさを確信したことであろう。

一方、市教委は「何とかなだめたらおさまるだろう。どうせ一部の過激分子の煽動《せんどう》に踊らされているのだから」というぐらいの見通しだったかもしれないが、大衆自身の信念と要求の強さに圧倒されっぱなしであった。ようやく事の重大さを認識した市教委は次の三点を認めるとともに、再度教育委員会を開き、市長とも相談したうえで後日、長浜の父母の前でその結果を報告すると約束せざるをえなかった。

①この運動は一部の人たちだけのものでなく、地域の父母大衆のねがいにもとづいた運動である。

②義務教育は無償であるという原則に立てば教育委員会のいう「生活の苦しいものだけに教科書を無償でわたす。」ということは筋が通らない、教科書を買わないという強い意志は長浜地区民全員のものである。

③教科書は教育にとって絶対必要なものである。そして、四月の新学期になって教科書を持っていないものがいた場合は、教育委員会は教育を保障する責任がある。

三点目の「教育委員会は教育を保障する責任がある」という点は、四月の新学期の段階において、教育委員会の責任で教科書を持たない子どもたち全員に教科書を無償配布するというようにも読みとれる内容であった。

こうして長浜での初めての教育長交渉は、参加した父母住民全員に団結の大切さと要求実現の手ごたえを実感させ、夕刻六時半ごろ成功裡に終わった。人びとは「お疲れさま。いよいよこれからやき、がんばろうね」と声をかけあいながら高揚感につつまれて帰宅したのである。

この大衆交渉から五日後の三月三〇日午後、「タダにする会」代表一〇人は約束の確認と詰めのために市役所を訪れ、市教委と再度交渉をもった。新学期にむけての教科書販売など具体的内容に踏み込んだ話し合いだった。ただ、その前に市教委は委員会内部の協議だけでなく、市長とも相談し事前了解をとりつけたうえで交渉に臨んだのである。そしてここから事態は急速に進展していく。

解放同盟高知県連の大会決議

長浜での教育長交渉を終えた翌三月二六日、部落解放同盟高知県連合会の第六回定期大会が開催された。そこで、長浜の教科書無償運動に対する支援の意味も込めて、次の決議が提案され(提案者は岩松良子)、採択された。

義務教育課程教科書をタダにさせる決議

我々は、憲法に保証された国民の権利として、すでに久しく〝義務教育費全額国庫負担〟を要求しつづけてきた。

しかし国の政治は、人民の願いをふみにじって反対の方向に進み、その中で地方自治体の教育行財政もまた貧弱をきわめている。

教育長交渉の翌日に開かれた部落解放同盟高知県連合会第６回定期大会（1961年３月26日）（部落解放同盟高知市連絡協議会蔵）

今日、部落の子らの置かれている教育条件はどうか。教科書や学用品が買えない、給食費が払えない、修学旅行や遠足にも行けない学校を休んでアルバイトをしなければならない、その結果、学力低下、長欠、不就学においやられ、将来の就職や進路も満足に保障されない、そういう悪循環の中に部落の子らは放置されているのである。こうして教育行財政の怠慢と貧困は、全き部落差別助長といわねばならない。

去る三月十八日、高知市議会は国に対し「義務教育課程の教科書無償配布」を要望する意見書を決議したが、これは長浜を中心とする我々の要求運動の大きな成果といえよう。

我々は義務教育無償の国策樹立を強く要求するとともに、高知県及び各市町村に対し当面次のことを要求する。

現在、長浜の部落大衆を先頭としておこっている教科書無償配布の要求運動は、まことに正当な全人民的要求運動である。よって県市町村は誠意をもってこれにこたえ、長浜地区全児童に教科書を無償配布せよ。

七月、第二学期からは、県下の全児童に教科書無償配布が実現できるよう、県市町村は万全の努力をつくし積極的かつ具体的な措置をとれ。

右決議する。

一九六一年三月二十六日

部落解放同盟高知県連合会
第六回定期大会

解放同盟県連の一九六一年度運動方針は、「義務教育を無償でやらそう」の項目で教科書無償運動について言及している。そこでは、「今日、義務教育は、憲法第二十六条の無償の原則に違反したまゝに行われている。P・T・A会費、教科書、学用品、給食費……一切は父母の負拡《(ママ)》であり、その生活を圧迫している。教科書その他教育費一切を無償で！という要求は今年、長浜、地区で斗《(ママ)》かわれた部分的には多くの地域でも実現されている。我々はこれを一層推し進め拡大しよう」との方針が示され、長浜の運動の支援と他地域への拡大を呼びかけている。

ところが、活動報告や運動方針案をめぐる討論のなかでは、教科書無償運動についての質問や意見は出ず、ただ共産党を代表する林田芳徳の祝辞と長浜支部からの支部活動報告（報告者は武田直房）のなかで教科書無償運動の経過報告がなされたにすぎなかった。

解放同盟県連として、長浜の運動を過小評価していたわけでは決してないものの、土佐市戸波《とさしへわ》における勤評反対と同和教育に熱心な教員の不当異動反対運動や、赤岡町《あかおかちょう》の隣保館主事配置をめぐるたたかいに比べるとその取りあげ方はあまり大きくない。県連の機関紙で最初に長浜の運動を紹介した文章（『解放新聞』高知県版№24、一九六一年二月二八日）は、土佐市や赤岡町の運動に関する記事が「である調」で硬質な文体であるのに対し、対照的に「です、ます調」の呼びかけ文のような平易な文体で構成されている。（なお、『解放新聞』高知県版№24とあるが、実際は№25。また、二月二八日付となっているが、県連第六回大会への呼びかけ文［三月一六日付］や、「タダにする会」結成後のビラが掲載されていることから、発行は三月中旬以降と考えられる。）

すべての子どもに　教科書をタダでくばらせよう！

高知市長浜小中学校父母の斗い

高知市の長浜では小学校と中学校の父母が集まり長浜地区小中学校教科書をタダにする会をつくりましたが同盟長浜支部は民主教育を守る会と共に運動の先頭にたって斗っています。

すでに学校で教科書を売ることをやめさしあくまで義務教育無償の原則を守りとおす具体的な斗いに成功しています。

私達は今まで、子どもの教科書をお金を出して買ってきました。しかしこれでよいでしょうか？

憲法第二十六条には義務教育をタダであるときめられています。国民の働いたものは国民の幸せのために使うべきものだからです。これは国民としての当然の権利であり、行政者の果たさねばならない責任であります。だから教科書は教育委員会が全児童にタダでくばることが正しいあり方なのです。

ところで政府は、昭和二十九年に、小学校一年生の国語と算数の教科書を全国の全児童にタダでくばりました。しかし金がないという理由で、次の年からはうちきってしまいました。

ほんとうに金がないでしょうか?

なんの役にも立たないロッキードを二百機も買うことになっていますが、その金で日本中の子どもに教科書を十年間ただで渡すことができます。また、三十六年度の教科書の売りこみに使われた宣伝費は、約三十億円といわれます。この百分の一が高知に流れたとしても、小学一年生八万人に教科書をただでくばれるのです。その上に会社の利益はぼう大です。

これらいっさいの負担が父母にかかり、小学生で約七百円、中学生約一二〇〇円の教科書代金になっているのです。

なおその上、私たちが教育を国民のものにするためには、教科書の味中《（ママ）》もよく吟味しなくてはなりません。これらのことについては、今まで何回も、国会や地方議員に署名請求してきました、しかし、いつまでたっても実現しそうにありません。

私達はこのことを教育委員会にいっそう強く要求するとともに教科書をタダにさせるまで買わないでがんばるという決意をしました。京都や兵庫などでは、すでにこの運動が成功して教科書をタダでかくとくしています。

私達も、この当然の要求をとおし運動を成功させるために、みんなで力を合わせてがんばりましょう!!

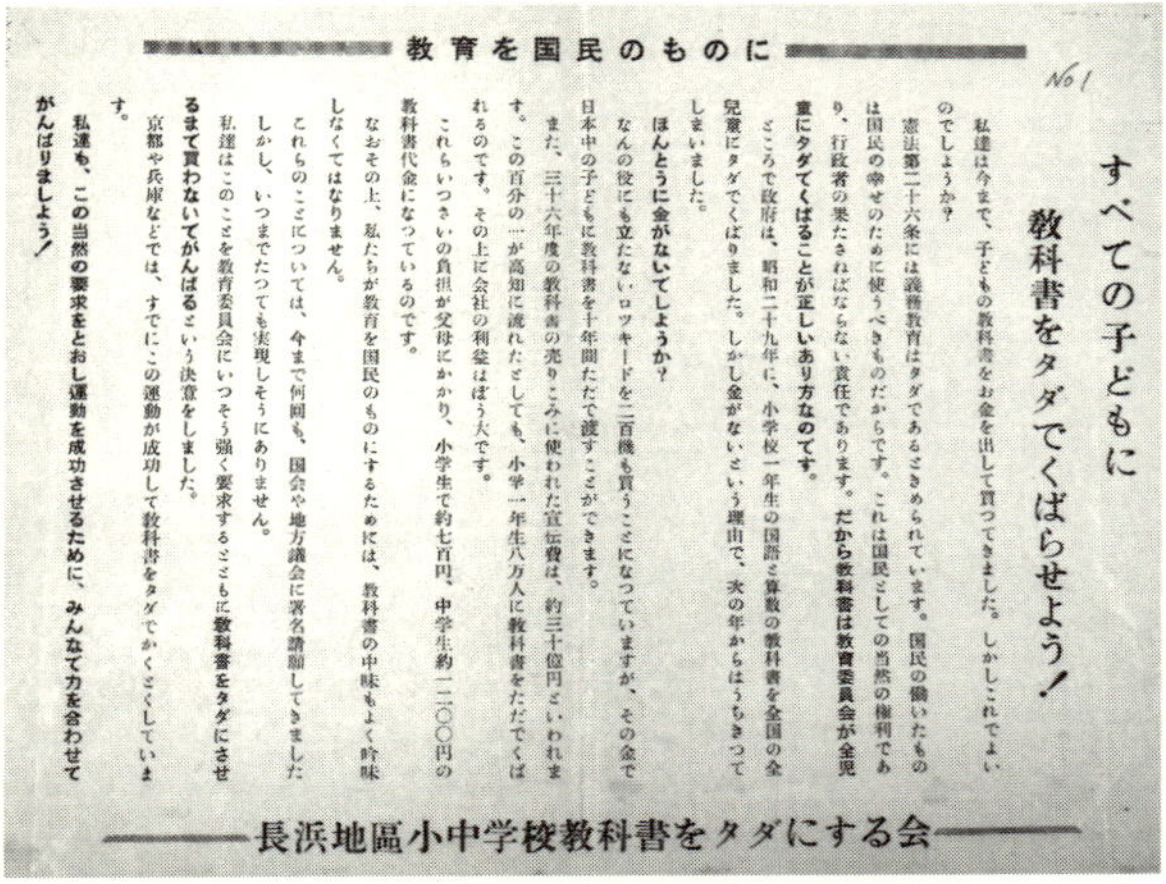

No1

すべての子どもに
教科書をタダでくばらせよう！

私達は今まで、子どもの教科書をお金を出して買ってきました。しかしこれでよいのでしょうか？

憲法第二十六条には義務教育はタダであるときめられています。国民の働いたものは国民の幸せのために使うべきものだからです。これは国民としての当然の権利であり、行政者の果たさねばならない責任であります。**だから教科書は教育委員会が全児童にタダでくばることが正しいあり方なのです。**

ところで政府は、昭和二十九年に、小学校一年生の国語と算数の教科書を全国の全児童にタダでくばりました。しかし金がないという理由で、次の年からはうちきってしまいました。

ほんとうに金がないてしょうか？

なんの役にも立たないロッキードを二百機も買うことになっていますが、その金で日本中の子どもに教科書を十年間ただで渡すことができます。

また、三十六年度の教科書の売りこみに使われた宣伝費は、約三十億円といわれます。この百分の一が高知に流れたとしても、小学一年生八万人に教科書をただでくばれるのです。その上に会社の利益はぼう大です。

これらいっさいの負担が父母にかかり、小学生で約七百円、中学生約一二〇〇円の教科書代金になっているのです。

なおその上、私たちが教育を国民のものにするためには、教科書の中味もよく吟味しなくてはなりません。

これらのことについては、今まで何回も、国会や地方議会に署名請願してきましたしかし、いつまでたつても実現しそうにありません。

私達はこのことを教育委員会にいつそう強く要求するとともに**教科書をタダにさせるまで買わないてがんばる**という決意をしました。

京都や兵庫などでは、すでにこの運動が成功して教科書をタダでかくとくしています。

私達も、この当然の要求をとおし運動を成功させるために、みんなて力を合わせてがんばりましょう！

教育を国民のものに

長浜地區小中学校教科書をタダにする会

「教科書をタダでくばらせよう」と呼びかけた「タダにする会」最初のビラ（部落解放同盟高知市連絡協議会蔵）

この文体の違いは奇妙なものであるが、今回、埋もれていた「タダにする会」のビラを三枚発見することができ、謎が解けた。じつはこの文章は、発足した「タダにする会」が最初に作成し長浜全域に配ったビラだったのである。「教育を国民のものに」「すべての子どもに教科書をタダでくばらせよう！」の見出しで「私達は今まで、子どもの教科書をお金を出して買ってきました。しかしこれでよいのでしょうか？」（以下、ビラの全文）を『解放新聞』がそのまま転載したのである（「会議録」によるとビラの印刷は三月一〇日ごろと思われる）。なお県連は、土佐市の運動に関しては声明書を発表しているが、長浜の運動に関しては県連として他支部へ波及させるような具体的方針を示していない。これは、一九六一年度の県連の運動方針でも同様である。

このように、解放同盟県連の組織全体として長浜の教科書無償運動を支援する態勢ができあがっていたとは言いがたいものの、第六回大会で「義務教育課程教科書をタダにさせる決議」が採択されたことは、「タダにする会」の運動に弾みをつけることとなったのは確かであった。

高知市教委の雲隠れ

三月三〇日の市教委交渉

かつてない大きな盛り上がりで長浜小講堂をつつんだ二五日の交渉のあと、「タダにする会」はただちにその成果をビラにして配布した。

要求大会は大成功だ!!

三月二五日、教科書をタダにさせる要求大会を長浜小学校でひらきました。仕事を休んで集まった地元の父母はおよそ三百名。先生方も集まってくれましたし、市内からもバスをかりきって応援の人々が参加してくれました。

政平教育長、浜川教育委員長ら教育委員会を前にして、みんな日頃の不満や要求をそのまゝぶっつけました。こうして一時半から六時半まで五時間にわたる交渉の中で、私たちは教育委員会に対して次のことをみとめさせることができました。

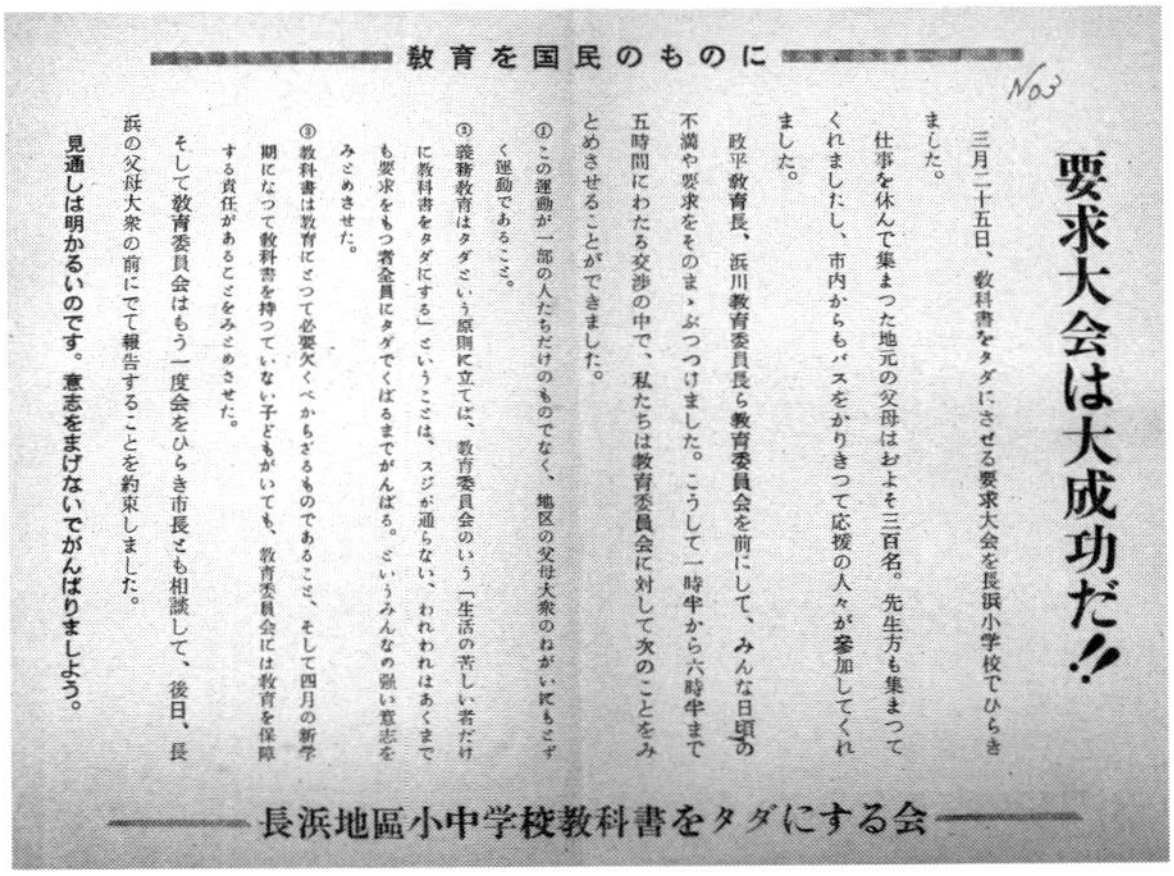
教育を国民のものに

No3

要求大会は大成功だ!!

三月二十五日、教科書をタダにさせる要求大会を長浜小学校でひらきました。

仕事を休んで集まつた地元の父母はおよそ三百名。先生方も集まってくれましたし、市内からもバスをかりきつて応援の人々が参加してくれました。

政平教育長、浜川教育委員長ら教育委員会を前にして、みんな日頃の不満や要求をそのまゝぶつつけました。こうして一時半から六時半まで五時間にわたる交渉の中で、私たちは教育委員会に対して次のことをみとめさせることができました。

①この運動が一部の人たちだけのものでなく、地区の父母大衆のねがいにもとずく運動であること。

②義務教育はタダという原則に立てば、教育委員会のいう「生活の苦しい者だけに教科書をタダにする」ということは、スジが通らない、われわれはあくまでも要求をもつ者全員にタダでくばるまでがんばる。というみんなの強い意志をみとめさせた。

③教科書は教育にとって必要欠くべからざるものであること、そして四月の新学期になって教科書を持っていない子どもがいても、教育委員会には教育を保障する責任があることをみとめさせた。

そして教育委員会はもう一度会をひらき市長とも相談して、後日、長浜の父母大衆の前にでて報告することを約束しました。

見通しは明かるいのです。意志をまげないでがんばりましょう。

長浜地區小中学校教科書をタダにする会

3月25日「要求大会」の成果を報告する「タダにする会」のビラ（部落解放同盟高知市連絡協議会蔵）

①この運動が一部の人たちだけのものでなく、地区の父母大衆のねがいにもとず《（ママ）》く運動であること。

②義務教育はタダという原則に立てば、教育委員会のいう「生活の苦しい者だけに教科書をタダにする」ということは、スジが通らない、われわれはあくまでも要求をもつ者全員にタダでくばるまでがんばる。というみんなの強い意志をみとめさせた。

③教科書は教育にとって必要欠くべからざるものであること、そして四月の新学期になって教科書を持っていない子どもがいても、教育委員会には教育を保障する責任があることをみとめさ

せた。
そして教育委員会はもう一度会をひらき市長とも相談して、後日、長浜の父母大衆の前にでて報告することを約束しました。
見通しは明かるいのです。意志をまげないでがんばりましょう。

つづいて三月三〇日午後、「タダにする会」代表一〇人は市役所をおとずれ、政平教育長たち教育委員全員と再度交渉をおこなった。この日は前回の緊迫した大衆交渉とはちがって、なごやかに談笑する雰囲気のなかで具体的問題について話し合いがすすめられ、曲折はあったものの、最終的に次のような内容でまとまった。

二十五日の約束の上に立って、教育委員会は新学期の学校教育に対して、責任ある措置をとらなければならない。そのため、
①四月一日の午後から四日まで、長浜小学校、南海中学校で教科書を販売する。(買えるものには買ってもらう)
②四月五日に、教科書を買わなかったものの人数を調査し、どうしても買わないものに対しては、六、七日の両日中に、教育委員会の責任で教科書を無償配布する。

この決定は、むろん市教委側の「買う能力のあるものは全員買ってほしい」というこれまでの強い主張と要望を前提にしたものであった。しかし「タダにする会」側は、二点目の確約によって、「教科書を買わない者全員に無償配布せよ」という要求が全面的に通ったものと受け取った。二五日の交渉で有利な手ごたえは得ていたが、これほど短期間のうちに妥結に向かうとは思っていなかったので、代表たちの喜びは大きかった。翌朝、宣伝カーで交渉結果を各地区に伝える岩松の声ははずみ、夜の南部地区集会でも満場の歓声と拍手のなかで報告が承認されたのだった。

あとから振り返ってみれば、この三月三〇日の交渉における市教委側と「タダにする会」側との思惑のずれ、互いの読みと詰めの甘さが、その後の決裂と紛糾の因をはらんでいたことがわかる。二五日の大衆交渉で父母住民の熱気に圧倒され苦慮する政平教育長たちは、氏原市長に報告すると同時に綿密な分析と情報収集をおこなったことだろう。そのうえで市教委は、いまは団結が固くても四月に入れば教科書を求める子どもと保護者が増えるにちがいない、そのために今年は教科書の出張販売を長浜の学校でおこなうことにしよう、八割ほどは買いに行ってくれるだろう、不買者はそう多くないはずだから準困の枠をひろげて支給すればよい、――このように地元の結束を甘く読み、問題解決の見通しを立てていたと推測される。片や「タダ

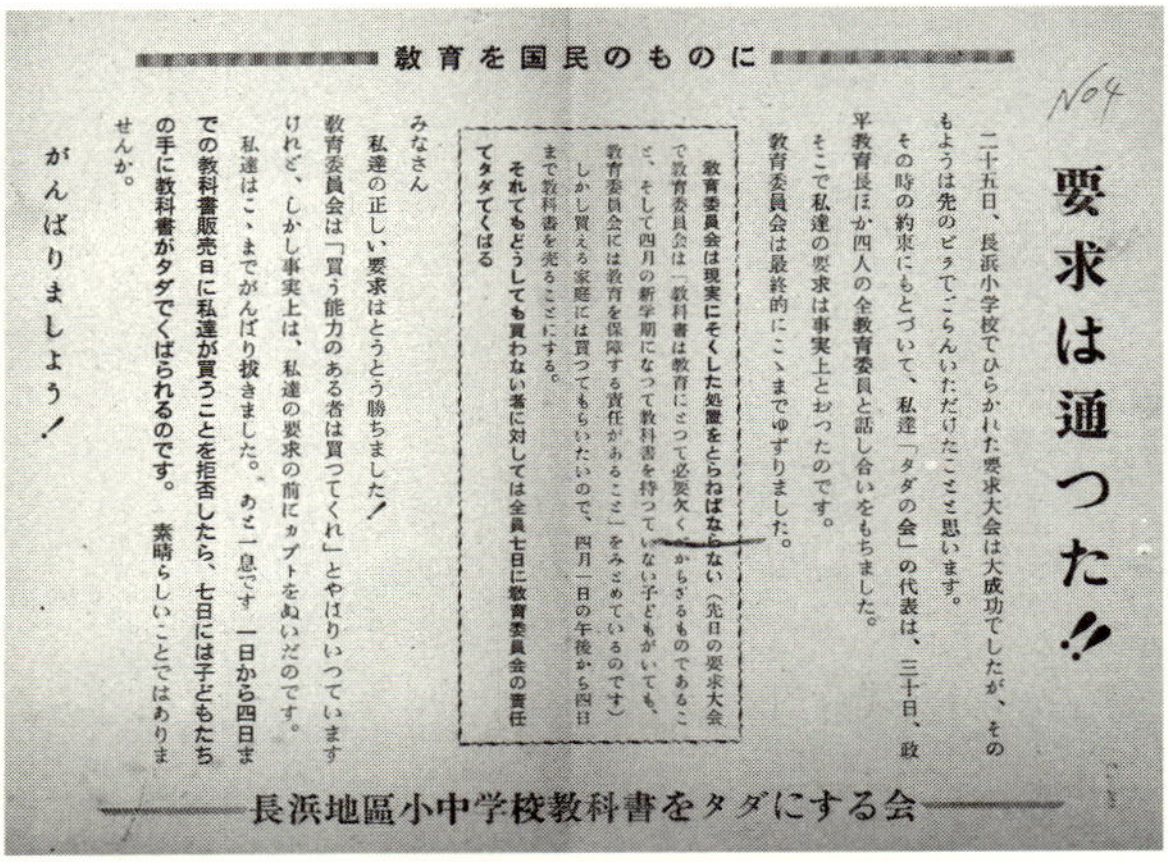
教育を国民のものに

No4

要求は通った!!

二十五日、長浜小学校でひらかれた要求大会は大成功でしたが、そのもようは先のビラでごらんいただけたことと思います。

その時の約束にもとづいて、私達「タダの会」の代表は、三十日、政平教育長ほか四人の全教育委員と話し合いをもちました。

そこで私達の要求は事実上とおったのです。

教育委員会は最終的にこゝまでゆずりました。

教育委員会は現実にそくした処置をとらねばならない（先日の要求大会で教育委員会は「教科書は教育にとって必要欠くからざるものであること、そして四月の新学期になって教科書を持っていない子どもがいても、教育委員会には教育を保障する責任があること」をみとめているのです）

しかし買える家庭には買ってもらいたいので、四月一日の午後から四日まで教科書を売ることにする。

それでもどうしても買わない者に対しては全員七日に教育委員会の責任でタダでくばる

みなさん

私達の正しい要求はとうとう勝ちました！

教育委員会は「買う能力のある者は買ってくれ」とやはりいっていますけれど、しかし事実上は、私達の要求の前にカブトをぬいだのです。

私達はこゝまでがんばり抜きました。あと一息です　一日から四日までの教科書販売日に私達が買うことを拒否したら、七日には子どもたちの手に教科書がタダでくばられるのです。　素晴らしいことではありませんか。

がんばりましょう！

長浜地區小中学校教科書をタダにする会

３月30日の成果を報告し、教科書不買を激励する「タダにする会」のビラ（部落解放同盟高知市連絡協議会蔵）

にする会」側も、「どうしても買わない者に対しては、教育委員会の責任で教科書を無償配布する」の文言に躍り上がって、きちんとした詰めをおこなわなかった。とにかく早くみんなに成果を報告し喜びを分かち合いたいという気持ちが先行し、市教委の破約や想定外の暗転がおこりうることなど、この時点では思ってもみなかったのである。だからこの成果を長浜全域に漏れなく報告するため、ただちにビラを作成し、四月一日からの販売日に教科書を買わないでがんばろうと団結を呼びかけたのだった。

要求は通った!!

二十五日、長浜小学校でひらかれた要求大会は大成功でしたが、そのもようは先のビラでごらんいただけたことと思います。

その時の約束にもとづいて、私達「タダの会」の代表は、三十日、政平教育長ほか四人の全教育委員と話し合いをもちました。

そこで私達の要求は事実上とおったのです。

教育委員会は最終的にこゝまでゆずりました。

> 教育委員会は現実にそくした処置をとらねばならない（先日の要求大会で教育委員会は「教科書は教育にとって必要欠くべからざるものであること、そして四月の新学期になって教科書を持っていない子どもがいても、教育委員会には教育を保障する責任があること」をみとめているのです）
> しかし買える家庭には買ってもらいたいので、四月一日の午後から四日まで教科書を売ることにする。
> それでもどうしても買わない者に対しては全員七日に教育委員会の責任でタダでくばる

みなさん
私達の正しい要求はとうとう勝ちました！

教育委員会は「買う能力のある者は買ってくれ」とやはりいっていますけれど、しかし事実上は、私達の要求の前にカブトをぬいだのです。

私達はこゝまでがんばり抜きました。あと一息です。一日から四日までの教科書販売日に私達が買うことを拒否したら、七日には子どもたちの手に教科書がタダでくばられるのです。素晴らしいことではありませんか。

がんばりましょう！

八割が教科書を買わず

教科書販売は長浜小学校で四月三日から二日間実施された。ビラにも記したように当初は四月一日からの販売予定であったが、会場をどこにするかで話がまとまらず、二日遅れての販売となった。しかし、「タダにする会」をはじめ長浜の大半の保護者は、自分たちの要求が通り、買わなければ教科書は無償配布されると理解していたため、教科書販売に出向く人はほとんどいなかった。

岩松が三日昼ごろ長浜小の講堂へ様子を見に行くと、仁井田《にいだ》の乾《いぬい》書店が店構えをしていた。仁井田は、長浜から御畳瀬に向かう途中、梶ヶ浦《かじがうら》というところから渡し船でわたる浦戸湾の対岸の地区である。だから教科書を買うとき、長浜の人びとは高知市営のこの渡し船（無料）に乗って仁井田の乾書店まで行かなければならないのである。もっとも、貧しい家庭や子沢山の家は教科書をゆずりあって使ってきたのでその必要はほとんどなかった。しかし、小学校の教科書が全面改訂になったこの年（中学校は翌年）は、いやが応でも新しい教科書を買いに仁井田まで行かなければならないのだ。市教委はそのあたりの事情も考え、買う家庭を増やすために出張販売のサービスにふみきったのであろう。

九日前の大衆交渉の時とちがって、板床のがらんとした講堂にダンボール箱がコの字型にならべられて教科書がおかれ、明るい南窓際には膨大な数の教科書が教科ごとに積み上げられていた。店員らしい男性が二人いただけで、教科書を買いにくる人影もなく、岩松は大きな安堵《あんど》感とともに、気が抜けたような感じもして長くはいられなかった。

この販売の様子は『高知新聞』に「閑古鳥鳴く長浜

4月3日の教科書販売（『高知新聞』1961年4月4日(火)朝刊）

小の教科書売り場」と写真入りで報じられたほどであり、教科書を買った人は初日がわずか六五人ほど、二日間で合計四〇〇人足らずだった。実に八割以上が買わなかったのである。このことは、「タダにする会」にとっても予想を上回るもので、運動からの脱落者がひとりもいなかったことを示していた。

高知市教委は予測以上に教科書の売れ行きが悪いため、販売期間を五、六日とあと二日間延長しようとするが、延長をめぐって「タダにする会」との調整がつかず、さらに五日朝になって販売店自身から出張販売中止の申し入れがあったため、教科書販売は四日で終了することとなった。

結局、地域大衆に芽生えた権利意識と強い支え合いによって、二〇〇〇人の長浜小、南海中の児童生徒の約八割、一六〇〇人が教科書を買わなかったのである。したがって、「タダにする会」に結集した人びとは、未購入者全員に対する教科書無償配布という最大の成果をおさめて、事態は収束に向かうものと楽観的に考えていた。

市教委から破約の「申入書」

教科書販売が実施されていた四月四日、高知市議会総務委員会が開催され、教科書無償問題についての協議がおこなわれた。総務委員会では政平教育長より「長浜地区の教科書問題について経過を聴取」し、質疑ののち、市教委に対して「単に一地区の問題でなく全市に亘《わた》る問題であるので、筋を通し、地区の人々の了解を得る努力をしてもらう」よう要望した。『高知新聞』（一九六一年四月六日）にも、高知市議会総務委員会から「この問題は教育長の責任だけで処理できるものではない。教育長は予算の範囲内でその適正な執行に責任を持つべきで、全市的な立場に立って問題を公正に解決してほしい」との要望が出された、と報じられた。総務委員会の要望を受け、翌五日に協議をおこなった市教委は、「このままでは買える能力の家庭がまだ買っておらず、買う能力のある家庭と能力のない家庭と区別できない」ので「準貧困家庭への無償配布はすぐにはできない」との態度を表明した。そして翌六日には、久保学校教育課長が「タダにする会」の宮本会長の自宅をおとずれ、次の「申入書」を直接手渡して、教科書販売への協力を強く訴えた。

申入書

去る三月三十日の話し合いの結果、教育委員会としては、従前申し上げておったとおり、教科書を買う能力のあるものは、全員残らず買ってもらわねばならないとの立場に立って、本月三、四日教科書の販売を実施いたしました。

しかるに、当初の予期に反して買った者は僅少にとどまり、これでは到底能力あるものがもれなく買ったものとは認められない情況であり、従って現段階においては、当教委の考えていた四月八日の処理は不可能な状態になりました。

しかし、あくまで当教委としては、経済的事情によって真に買えないものに対しては、適当な処置をする考えでありますので、何とぞ右の事情を御諒承の上、事態の処理に何分の御協力を賜わりますよう、格段の御配慮をお願いします。

昭和三十六年四月六日

高知市教育委員会

まったく予想だにしなかった一方的通告に等しい「申入書」の登場によって、事態はいきなり暗転する。「タダにする会」はただちに役員会を開き、今後の対応策について協議をおこなった。その結果、市教委の「申入書」は「約束を破った申し入れである。あくまで買わない運動を続ける」ことを確認し、再度の交渉を市教委に申し入れた。

再度の市教委交渉、徹夜となる

「タダにする会」代表約一五人は、七日午前一〇時から高知市役所会議室で政平教育長、浜川教育委員長らとふたたび交渉をもち、市教委の六日の申し入れは約束違反だと追及した。だが、市教委は「買える者には買ってほしい」の一点張りで、話し合いは平行線のままであった。そこで、ある保護者が「このままでは楽しい新学期に教科書のない子どもができるのでひとまず教科書を全員に手渡し、無償とするかどうかは今後交渉しよう」と提案したが、市教委は教育委員全員で協議した結果、「ほかへの影響、今後の処置などを考えると即答できない」と回答し、進展は見られないまま時間のみが過ぎていった。

なおも「タダにする会」側は、市教委が「現地で教科書を売り、その結果買わなかったものについては新学期までに現実に即した措置をとる」とした三〇日の約束の履行を強く迫り、重苦しい空気のなか話し合いは決着がつかないまま徹夜交渉に入った。

思えば三月二五日の長浜での大衆交渉の盛り上がりから三〇日の具体案の提示を受けて、教科書販売にひとりの脱落者も出さず、一挙解決と胸おどらせていた「タダにする会」であった。しかし今回の交渉によって、押しても引いても動かぬ行政の厚い壁がはっきり立ちふさがっていることを実感させられ、一同の胸は怒りと失望にふるえるばかりであった。明けて四月八日は入学式で、長浜小学校でも一三〇人余りの幼い子どもたちが満開の桜の花影をくぐり、瞳を輝かせてあの講堂に整列するはずである。

結局、交渉は翌朝六時まで続いたが、市教委は準困者への教科書支給という基本線を変えず、次の約束を文書でもって手渡した。

①長浜小学校、南海中学校の準要保護家庭に対する教科書代の支給については、児童生徒数の各一割を下らない人数について支給するよう努力する。
②前記一割の上になお若干の人数に対して支給するよう努力する。
③ＰＴＡ経費の中、市教委が負担すべき性質のものについては学校運営に支障をきたさないよう努力する。

以上の三点には「準困者のワクを大巾に広げるという形で二割の人数までは無償配布する」という条件が付随していた。この回答について、「タダにする会」代表は協議して態度決定することを約し、さらに三〇日の確約を取り消した事情を現地で父母住民に説明するように申し入れた。やむなく市教委は九日午後二時からふたたび長浜小学校で地区住民と話し合うことを約束し、二〇時間におよぶ交渉を閉じたのである。

市教委との徹夜交渉を終えて八日の朝方ひきあげた「タダにする会」代表は、疲れをいやす間もなく、その晩、南部公民館（自彊館）で報告会を開いた。「市教委案をこのままのむか」

「いや、一割二割とは片腹痛い、わたしらぁは憲法にうたわれた義務教育無償の原則を実現させるために運動しゆうがじゃ」「あくまでも三〇日の約束を守ってもらおう」「あさってから新学期の授業が始まる。とにかく明日はもう一ぺん全力で市教委にぶちあたってみようぜ。結論はそれまで持ち越すしかないじゃないか」などの意見が口々に出て、市教委案の受諾にはならなかった。

市教委の雲隠れと声明書

明けて四月九日、交渉会場の長浜小学校講堂には昼ごろから続々と父母や地域の人びとが集まってきて、二五日の大衆交渉の再現のように思われた。ところが意外なことに、約束の時間をすぎても市教委はだれひとり現れず、「現地に出向いても、現状では話し合いが進展する可能性がないので出向は取りやめる」と電話で一方的に通告してきたのである。そしてそのまま所在をくらまし、連絡を絶ってしまった。しかもこの時点で、市教委は次のような長文の「声明書」を新聞社に送っていたのである(この声明書は『高知新聞』四月一〇日夕刊に発表された。したがって集まった人びとはまだ何も知らなかった)。

声明書

長浜地区における教科書をただにする会とは数次に亘って折衝しこれが解決に努力して来たのであるが、その会は憲法第二十六条の「義務教育はこれを無償とする」という原則に立って長浜小学校、南海中学校の児童生徒全員に教科書を無償配布せよというのがその主張するところであった。本年二月市議会における本問題についての意見書の通り当教委としても、義務教育無償の原則の実現は望ましいことであるにせよ現実の問題として国の財政的裏付けのない限り、市町村でこれを全額負担することはとうてい困難であるので、保護者の義務として教科書を買える能力のある者は、全員買うべきであり、買えない者に対しては、現実に即した処理をすることを期して、しばしば関係各位と協議し、当教委の方針の理解とその実現に努力してきた。

しかるに、四月三日、四日の二日間に亘り、長浜小学校において教科書を販売したところ、約二千名の中購入した者は僅かに三百名を数える程度であった。この結果は明らかに買う能力のある者も買っていないと判断されるので当初の方針による買えない者に対する処置をすることができなくなりその旨を会に伝えると共に尚、協力を要請した。その結果四月七日代表者との徹夜交渉となり話し合いの末、準要保護家庭に対する支給の範囲を可能な限りにおいて拡大し、更にPTAの負担軽減については極力努力することなどを約して妥結をみた。然るに代表との間に約したこの結論は、地元会員の納得する所とならないことが明確となり、その協力は得られない事態に立ち至ったのである。

ここにおいて当教委としても更に検討を重ねたのであるが既定の方針は変え得ないという結論となり、多数の児童生徒が教科書を持たない状態では正常な授業の効果も期せられず円満な学校運営も不可能である。したがって従来の通り買う能力のある者は、全員教科書を買うべきであるという当教委の方針が地元関係者の諒解により実現されない限り一地教委の権限や努力で解決される問題ではなく、今後の学校の教育が憂慮される次第である。したがって保護者各位の中買う能力のある者には全員教科書を買ってもらう以外に解決の方途はないことを理解され関係各位の良識に期待し協力をお願いして声明する次第である。

昭和三十六年四月九日

高知市教育委員会

文中「四月七日代表者との徹夜交渉となり話し合いの末、準要保護家庭に対する支給の範囲を可能な限りにおいて拡大し、更にＰＴＡの負担軽減については極力努力することなどを約して妥結をみた」とあるように、市教委は七日の交渉で「タダにする会」代表者と妥結したと考えていた。ところが「タダにする会」側は、夜の報告会で強硬な反対意見が多かったので、九日に市教委が長浜へ来たとき、再度大衆交渉をおこなって三〇日時点の約束の履行を迫るしかないと考えていた。こうした互いの認識のずれと地元の状況を察知した市教委は、「タダにする会」の「代表との間に約したこの結論」が反故《ほご》になった以上、長浜へ出向いても折り合いはつかず、逆に地元を激昂させて決定的決裂にいたるかもしれないと考えたのであろう。そこで最後的な手段として、これまでの経緯と市教委自らの努力を詳述し「関係各位の良識に期待し協力をお願い」する「声明書」を作成し、「タダにする会」をとびこして高知県民全体の判断に委ねるかたちで高知新聞社に送ったのであろう。世論を味方にして局面を打開しようとする肚《はら》を据えた市教委のこの高等戦術に、「タダにする会」がダブルパンチをくらうのは翌一〇日夕刻、市長交渉の真っ最中のことである。

抗議集会に切り替え

さて、長浜小講堂でいまや遅しと市教委を待ちうけていた人びとは、政平教育長たちが一方的に破約したまま所在も告げず連絡を絶ってしまったことを聞いて、怒りのどよめきを上げたきり、しばらくは言葉も出ない状態であった。呆然《ぼうぜん》として事態がのみこめない人、涙ぐみ頭を深くうなだれる人、前回と同じ真っ白い割烹着で勢揃いしているものの、言いようのない重苦しい空気が人びとの間に流れるのをどうすることもできなかった。しかし、いつまでもうちひしがれているわけにはいかない。ただちに抗議集会に切り替え、七日の徹夜交渉のテープを聞きながら今後の方策について協議することにした。そして口々に怒りの声が飛び交うなか、

４月９日の抗議集会（『高知新聞』1961年４月10日（月）朝刊）

「こんな状況で、圧力に負けて教科書を買うことは決してしない」「不誠実な市教委の責任を追及すると同時に、市政の最高責任者である市長と直接交渉をおこなう」「明日の朝、貸し切りバスを出す。月曜日なので仕事に出なければならないだろうが、なるべく多く参加して市長交渉を成功させよう」とあらためて結束を誓い合った。事務局はすぐ東崎唯夫市議と連絡をとり、翌一〇日に市長交渉をおこなえるよう手筈《てはず》を依頼した。

　こうして、市教委の裏切りに対する怒りと教科書無償実現への要求は、さらに激しく氏原一郎市長へと向かっていくことになる。

市長交渉と市教委の総辞職

市長交渉のはじまり

四月一〇日朝、数日間続いたポカポカ陽気が終わり真冬に引き戻されたような寒気のなか、崖っぷちに立たされた「タダにする会」は貸し切りバスやバイクで高知市役所に向かった。父母ら約七〇人は氏原市長との交渉、小中学校の教員は市教委との交渉が目的だった。

一〇時過ぎ、市議会会議室で市長交渉がはじまった。最初に、「タダにする会」から運動の意義と経緯について説明をおこない、続けて市教委とのこれまでの交渉経過の報告をおこなった。「タダにする会」は、三月三〇日の時点で市教委が「教科書を販売して、買わなかった者には無償配布する」と確約しておきながら、「買った者が少なすぎる」として前言をひるがえし、さらに九日に長浜へ出向くと約束した現地説明会まで一方的にボイコットしたことを鋭く追及していった。

そして、「不誠実、無責任きわまる教育行政者に対し、われわれはあくまでも不買運動を続ける。市長は市政の最高責任者として、市教委に代わって責任をとれ。約束どおり教科書を支給せよ」との申し入れをおこなった。

しかし、市長の回答は冷ややかなもので、「市長が教育行政に介入することは市教委の権限を侵すことになる。したがって、話し合いはあくまでも市教委との間でつけてもらいたい。市長としては市教委の判断と決定を尊重し、それに伴う予算措置も教育委員会と相談して決める。しかし買わなかった者全員に対する無償配布は市としてできない問題」と強硬な態度で応対した。「運動の理念としては正しいと思うが」と前置きしながら、これまでの政治感覚のワクを一歩も出ようとはしない市長答弁であった。

前日からの憤懣《ふんまん》を抑えて、「氏原市長ならわかってくれるだろう」と聞いていた人びとのなかから、思わず怒りの声が上がった。

「それでも革新市長か」

「選挙の時と約束が違うじゃないか」

「金がないなら、自分らぁの給与をなぜ上げたぜ」

ここに集まっているのは、高知市に革新の灯を消してはならないと、二年前の市長選で三期をめざす氏原当選のために全力をあげてがんばった人たちである。市長が市政のバランスを考え、自分が任命した教育委員たちを信頼するのは当然としても、それを振りかざして住民の切実な要求運動にハナから拒絶的な態度を示したので、人びとが怒って色めきたつのはこれまた当然のことであった。

「それでも革新市長か」と口々に出る野次《やじ》がよほど気にさわったのか、市長は「革新市長、革新市長と言われるが、何も私は社会党員じゃありませんぜよ」とうそぶき、退席しようとする。それを押しとどめ「まだ話はついちゃあせんぜよ」と「タダにする会」側が詰め寄る一幕もあった。

昼ごろには、市教委交渉に行った長浜小、南海中の教員や、市教組（小島速美、小松徹ら）、県教組（岡村真一ら）も市長交渉の場に合流してきた。政平教育長はじめ教育委員全員、久保学校教育課長もおらず、市教委事務局は教育長らの居場所について知らぬ存ぜぬで、平石社会教育課長も「さぁ」と首をかしげるばかりであった。長浜には行けないと電話通告してきた昨日の段階で、今日あることを予想し、教育委員全員が行方をくらましたのかもしれず、交渉相手不在のために仕方なく市長交渉のほうへ合流してきたのである。

あとになって考えると、市教委は長浜行きを破約した前日に「声明書」を新聞社に送っていたのだから、その時点で、ひそかに辞任劇まで視野に入れた筋書きを書いていた可能性が高かったが、「タダにする会」側にそこまで読み取る余裕はなく、あくまでも正面突破を試みようと市長に向かったのであった。

4月10日の市長交渉。中央後ろ向きが市長、正面に堀川依亀と岩松良子、右列五人目が武田直房（『高知新聞』1961年4月10日（月）夕刊第三面）

市長の冷ややかな拒絶的態度と市教委の雲隠れという事態に、教員も加わった一〇〇人近い人びとは激しい怒りの矢を放っていく。

「政平教育長はどこへ行ったぜ。教育委員全員、いったいどこへ消えたぜ」

「われわれが勝手に職場を離れたら処分されるのに、教育委員会の責任者が行方不明でもえいがかね」

「任命権者の市長が知らんとはなんぜ。それですむがかね」

「市教委が職場を離れ、任務を放棄したのなら、代わって市長が約束を履行しなさいや」

「市長は最高責任者じゃないか。権限もあるはずじゃ」

しかし、市長は「教育行政は市教委の権限だから立ち入れない」と繰り返すばかりで、「それなら市教委の居場所を明らかにせよ」と迫られると、いったん退席し、みずから市教委を探して今後の方策を相談しようとした。

市教委の「声明書」と捜索願い

その間二時間ほど、市長を待っていた「タダにする会」をいきなり平手打ちするかのように、市教委の「声明書」が掲載された『高知新聞』夕刊が出た。その全文は前に載せたとおりだが、「義務教育無償の原則の実現は望ましいことであるにせよ現実の問題として国の財政的裏付けのない限り、市町村でこれを全額負担することはとうてい困難」としたうえで、これまでの「タダにする会」との交渉のいきさつを述べ、市教委としてはあくまでも「買う能力のある者には全員教科書を買ってもらう以外に解決の方途はない」と断定した内容である。理念と現実との間で板ばさみになった市教委の苦しい立場が滲《にじ》み出てはいるものの、相手方である「タダにする会」と最後まで向き合い、ボロボロになってもいっしょに打開の道を探ろうとする努力を投げ捨てた一方的な声明書であった。

不意を突かれた人びとの驚きと怒りは、手ぶらで戻ってきた市長に集中した。

「何というヘゴなやり方じゃ。長浜へは来《こ》んずつに、どこでこんなものを書いたのか」

「こんな声明を昨日から用意しちゅう以上、市内のどこぞにおることはまちがいない。市長には連絡をとっちゅうはずじゃ」

「本当に知らんがかね。知らんがなら市長にも責任があるろ。市長の責任で捜索願いを出してきなさいや」

このように激しく迫られ、憮然《ぶぜん》と腕組みしていた市長もしぶしぶながら立ち上がらざるをえなかった。そして夜も更けた一〇時ごろ、近くの堀端にあった高知警察署へ政平教育長らの捜索願いを出しに行くことになり、「タダにする会」からは武田直房副会長と堀川依亀のふたりが署の手前まで同行した。

市長、打開を約束

不思議なことに、捜索願いを出して戻ってきた氏原市長の態度はそれまでとは様子が異なっていた。目先の追及を避けるためか、実に妥協的な態度をとるようになったのである。そして、交渉をはじめてから一三時間後の午後一一時過ぎ、市長は「タダにする会」に対して次の三点を約束した。

①無償配布の要求は認められないが、現場の混乱をさけるため、現在教科書をもっていない子どもに対し十二日までに全員が教科書を使えるよう取り計らう。

②教育長、教育委員等市教委代表を連れて、十二日午後二時長浜小に出向き、経過報告や今後の問題について直接地元民と話し合う。

③新聞に発表された市教委の声明書にあやまりがあるなら取り消すよう市教委に申し入れる。

これは、会議室にたれ込めていた重苦しい怒りも徒労感も、いっぺんに吹き飛ばすほどの現実的な成果であった。このぎりぎりに追いつめられた段階で、これほどの市長回答が出されるとは思いもかけず、目の前の暗雲からいっせいに光が洩《も》れだしたかのようで、怒りと焦燥に疲れた人びとの顔に笑みがこぼれたものだった。

とうとう自分たちの要求が実質的に通ったのだ、早く帰って明日の朝、みんなに報告しよう、子どもたちもどんなにか喜ぶことだろう、そんな思いが頭の中をかけめぐった。すでに真夜中になり、交渉の人数も半分に減っていたが、市長が特別に手配してくれた帰りのバスの中では、「市長に、こじゃんと噛《か》みついてしもうたけんど、さすがは氏原市長よ、のぉ。ここぞとなりゃあ、こればぁの約束をひとりで出せるき、のぉ」「そりゃそうよ。教育長と市長じゃ肚のすわり方が違わぁね」と冗談が飛び交った。毛ほどの疑念もさしはさむことなく、笑い声さえ上がるほどであった（なんという人の好い無邪気な仲間たちだったろう。この時のAさんたちの笑顔はいつまでも忘れることができない）。

一同が長浜に帰りついたころには、日付が一一日に変わっていた。心身ともに鳥肌がたちつづけた寒さと緊張の一日であったが、氏原市長が最終的に打開策を出してくれたことの安堵感と喜びは大きく、連日の疲れも夢のなかに溶けていくようであった。

喜びあふれる「タダにする会」

さて四月一一日、配達された『高知新聞』朝刊には七面（社会面）の上段中央に「市長の回答を了承／全員に配布約束／あす地元で話し合い」の大きな見出しがおどり、市長の確約した三点も記されていた。寒さは消え、光が一面にこぼれるような朝であった。

だが、地元長浜の状況は不利な方向に動いていた。市教委が教科書を買った人数が少なかったことを理由に約束をたがえた四月六日以降、教科書を買い求める家庭が急速に増えていったのだ。四月三、四日の販売日には小中あわせて一六〇〇人いた不買者が、わずか一週間のうちに半分の八〇〇人に減ったのである。すでに新学期ははじまっており、いままで直接的な要求行動に参加した経験のない人びとが「わが子かわいさ」から脱落していくとしても、それは責められることではなかった。

したがって、一一日の朝、市長の回答を新聞紙上ではっきりと確認したとき、買わずにがんばっていた人びとはどれほど大きな喜びと達成感に包まれたことだろう。「市長が約束したがやき、今度こそまちがいないねぇ」「これで明日は子どもらぁ全員が教科書を手にできるぜ」。合言葉のように、こうささやきあったものだった。

同日の『高知新聞』夕刊も「明るさ取り戻す／教科書問題大詰めの長浜両校」の見出しで「いくつかの問題を残しているとはいえ、ようやく大詰めに近づき、生徒をはじめ、関係者の間に明るい空気が流れはじめた」として、学校での様子を次のように報じた。

長浜小と南海中は、十一日も〝教科書のない授業〟になったが、各学年とも教科書がなくてもやれる体育、図画、ソロバン、作文などを行なった。両校ではこの朝、市教組分会名で市教委に「教科書の配布は十二日の一時間目の授業に間に合うようにしてほしい」と申し入れた。なおこの申し入れについては、政平教育長ら市教委関係者が不在だったため、十二日一時間目までの配布は間に合いそうにもないが、ある女先生は「市長回答が出たため、十二日中には配布になるでしょう。これで正規の授業ができそうです」とうれしそうだった。

具体的な数字の詰めの問題は残るとしても、それは時間の問題であって、一カ月余におよぶ無償運動はこうしてだれの目にも円満な終結を迎えるものと思われていた。

市教委、ついに総辞職

市長交渉で前途が開けたように思われたのだが、一日経過した四月一二日(水)、『高知新聞』朝刊は衝撃的なニュースを報じた。市教委の突然の総辞職である。「高知市教委が総辞職／市長の回答も白紙に」の大見出し、市教委五人全員の顔写真、記者会見で辞職声明書を読み上げる政平教育長の姿。目をむくような社会面五段抜きの報道だった。それによると、一〇日午後九時半から浜川左右衛教育委員長をはじめ、島本富士陽、鍋島永寿、高崎イチの各委員と政平駿次郎教育長が高知市内某所で教育委員会を開いて辞職を決定し、一一日午後三時二〇分に氏原市長の手元に全教育委員が辞表を提出、これに対し、市長は慰留に努めたが辞意が固いので受理したというのである。

まさに青天の霹靂《へきれき》。長浜じゅうに激震が走り、全身が硬直するような瞬間だった。とうとうきた、とうとう最悪の時がきた、どうしよう、どうしたらよいのだろう。岩松はくらくらするほどのショックと絶望感で、しばらく新聞を開いたまま立ち上がることさえできなかった。

実をいえば、悪い予感がまったくなかったわけではない。一〇日の市長交渉で、氏原市長が市教委を探しに行くと言って二時間ほど中座した。その間、岩松は参加者たちに配る夕食のパンと飲み物の買い出しなど雑用をこなし、出たばかりの『高知新聞』夕刊を囲んで人びとの驚きと怒りのざわめきがおこるなか、市教委の声明書を読んだ。そのとき突き上げてきたのは、怒りより先に、「しまった!」「負けた!」という直感のようなものだった。さらに、一方的とはいえ声明書がそれなりの条理と説得力をそなえた文章だと思われ、一瞬自分たちの方途を断たれたかのような不安感におそわれたのだった。しかしこの動揺はだれにも気づかれないまま、しばらくして再開した激しい交渉と、捜索願いを出しに行ったあと市長が示した三点の確約によって瞬時に吹き飛んだ。この時点で最高責任者の市長がこれだけの打開策を出してくれたことは、市教委の雲隠れや声明書の打撃をうち消してあまりある成果であった。だから人びとは要求実現が近いことを心から信じ、長丁場の疲労と怒りも忘れて明るい笑い声を上げながら帰路についたのである。それが、わずか一昼夜で逆転し、谷底に突き落とされようとは……。

だが、膝をかかえてうなだれている時間はない。気をとりなおし、三〇〇メートルほど先の宮本会長の家へ走った。一刻も早く相談し、対策を講じなければならないのだ。そのころ宮本は持病が悪化して自宅療養の身であったが、武田直房、林田芳徳、本山律子、水田精喜も集まり、ただちに各地区に連絡をとって、午後二時から急きょ長浜小の講堂で抗議集会を開くことにした。ここから「タダにする会」のたたかいは、ゴールの見えない厳しい局面にむかって再出発を強いられることとなる。

これまで、「タダにする会」は教育長をはじめとする教育委員会とは交渉を推し進めてきたが、個別に各教育委員と話し合いの場をもつことはなかったし、教育委員をつうじての情報収集もまったくおこなっ

高知新聞

高知市教委が総辞職

市長の回答も白紙に

長浜の教科書問題

"自治体の手に余る" 市教委声明

他への波及恐れる

一部議員「不実」を強く批判

解説

市教委総辞職を伝える記事（『高知新聞』1961年４月12日（水）朝刊第７面）

てこなかった。家庭裁判所調停委員の高崎は母親運動にもかかわっていて、良識ある温厚な人柄が尊敬されていたし、島本は社会福祉の場での実績があった。しかし、これらの委員と接触を図ったことはまったくなく、多方面から情報を集め、人脈を掘り起こし、根回しをするということもせず、いわば単線的で要領の悪い、あくまでも正攻法のたたかいをやりつづけてきた。一方、市教委と市長は極秘のうちに連絡をとりあい協議していただろうから、東崎市議や藤沢市議をとおして情報を得ることもできず、それだけに「タダにする会」がうけた衝撃は甚大だった。

ところで、教育委員全員が辞表提出を決めた一〇日午後九時三〇分といえば、「タダにする会」が市長交渉をおこなっている最中であり、市長が政平教育長らの捜索願いを警察署へ出しに行く直前の時刻であった。これは単なる偶然だったろうか。

市教委の総辞職をめぐって

市教委は総辞職にいたった経緯について記者会見をおこない、次のような声明書を発表した。

長浜地区の不買問題について円満解決のためあらゆる努力をしたが、解決はますます困難な状況と判断せざるを得ない。憲法の原則から出発したこの問題は一地教委の権限ではとても解決できないことは明らかである。しかもこの影響は長浜地区だけでなく教育界全般に大きな影響をもつ重大事であり、当教委の能力で解決できる方途はもう見出せない。妥協は正常な教育行政を一層混乱させることが明らかである。市民に責任をもつ立場の教委が責務を全うできないので総辞職し、今後に期待するとともに市民の批判を待つ。

市教委の総辞職が青天の霹靂であったことはいうまでもないが、さらに追い打ちをかけたのは、氏原市長が市教委の総辞職に伴って、一〇日に「タダにする会」との間に交わした「教科書をもっていない子どもに対し十二日までに全員が教科書を使えるよう取り計らう」という約束は教育行政の責任者不在のため処理できないとして、白紙に返ったという態度を示したことである。

なお、同じ『高知新聞』には、浜川委員長と政平教育長、氏原市長、「タダにする会」宮本会長の談話が掲載されている。浜川委員長・政平教育長の談話は「なんらかの収拾の道を考えてきたがついに見いだし得なかった。『混乱を収拾するためとりあえず配布する』との氏原市長回答は、十一日朝になって市長から聞いた。これ以上、教育現場に混乱が続かないよう期待している」と、市長と事前の打ち合わせなどなかったかのように述べている。氏原市長の談話は「十一日午前中、慰留に努めたが、結局受理することにした。後任人事の人選は十二日からでもただちに始め、空白期間をうめるつもりだ。後任人事が決まるまで、学校で混乱を収めるよう努めてもらいたい」と、混乱の収束を学校側に委ねる姿勢を見せている。最後に掲載された「タダにする会」宮本会長の談話は「小、中学校の保護者が教科書を買わなければならないという法的根拠はなく、私たちは買わなくてもいいものを当然買わないだけのことだ」と従来どおり不買運動の正当性を述べている。

この三者の談話を比べてみると、奇妙な点があることに気がつく。それは、浜川委員長・政平教育長と氏原市長の談話には、ともに今回の市教委総辞職の経緯と今後の見通し、もしくは「教育正常化」への期待感が述べられているのに対し、宮本会長の談話は自らの運動の正当性を述べるだけで、市教委の総辞職と市長の約束撤回については何も語っていないことである。当然、市教委や市長に対する怒りや抗議のコメントが寄せられるはずなのに、宮本が一言も述べていないのは、宮本の談話のみ、市教委が総辞職を公表する前のインタビューか、もしくは市教委総辞職を伏せたままでおこなったインタビューとも考えられる。ここに、高知新聞社の報道のスタンスが微妙に揺らいでいると見ることはあながち間違いではないだろう。

高知市教委総辞職の波紋

「タダにする会」の運動の再出発

四月一二日午後二時すぎ、長浜小講堂で開かれた「タダにする会」の抗議集会には二五〇～二六〇人の父母が参加し、一〇日の市長交渉、一一日の市教委総辞職の経過報告や今後の運動方針などについて話し合った。とくに市長が一二日までに教科書を手渡すと約束しながら教委総辞職によって白紙に返ったとの態度をとっていることに批判が集中し、「市長責任による約束だからあくまでも履行してもらう。そのため強力に市長交渉を続けるとともに、不買運動を全市に広めるため幅広い戦術をとる」ことを決めた。また、予算に限界があるという市当局の言い分については、特別職や議員の報酬を大幅に引き上げたほどだから教科書代程度の予算措置は可能であり、再交渉の場で市長の不誠実を追及する、子どもの意見を運動に反映させるため、地区ごとの子ども集会や学級集会で討議させることなどを決めた。

席上、「同盟休校によって無責任な市長の辞職を要求せよ」などの激しい声もあったが、これは今後の情勢によってとりあげることとして見送りとなった。また、父母のなかには「子どものことを思うと早く解決したい」「いままでは卑屈な気持ちでこっそり教科書をもらっていたが、憲法はタダを決めているのを知り安心した」「少しぐらい長引いてもがんばる」などの意見も出され、「タダにする会」としての結束は依然として強固であった。

高知市議会総務委員会の確認事項

市教委の総辞職を受けて、一二日に高知市議会総務委員会は市教委総辞職後の長浜の教科書問題について議会としての態度を協議し、次の八項目を確認した。

一　市民から要望のあった請願の趣旨は、義務教育無償の原則を貫き通すため、国に働きかけてもらいたいということであったので市議会は、その趣旨を了としてさる二月定例会において、「義務教育課程の教科書無償配布についての意見書議案」を満場一致をもって可決し、これを関係方面へ提出して意志表示を明確にした。

二　現実の問題として、準貧困家庭のワク拡大、父兄負担の軽減等については、本会議において「追加更正予算をもってしてもその実現に努力する」という執行部の答弁があっているので、当然履行すべきである。

4月12日、今後の方針を話し合う「タダにする会」の父母たち（『高知新聞』1961年4月13日（木）朝刊第9面）

三　かりに長浜小学校、南海中学校のみに無償配布するとすれば、高知市全体の教育行政に大きな差別を生ずるので、特定の地域にのみこのような取り扱いをすることはできない。

四　教科書無償配布の措置は本来国が行なうべきものであり、特定の問題のみをとらえて、地方自治体にその予算措置を要求することは、単に教育行政にとどまらず、他のすべての行政、特に市の単独事業に、しわ寄せされることになるので、市の行政全体を考えた場合には、きわめて困難である。

五　無償配布の措置を講ぜよという意見については憲法上からも、また意見書議決の経過からも当然であるので、これが実現については、国に対し積極的かつ強力に働きかける。

六　空白となった教育委員の後任については、市長はその責任において、早急に選任するよう努力し、臨時議会を招集してでも、任命すべきである。

七　教科書を買えない者の取り扱いについては、教育委員会は、早急に民生委員及び学校当局等に調査を依頼するなど、万全の方法を講じ、配布の措置をとるべきである。

八　現在長浜地区において生じた混乱については、市長も教育委員会も、地区の各位も以上の趣旨をよく理解されて事態の収拾に努力すべきである。

これは市議会としての方針を示したものであるが、教科書無償の原則は維持しつつ、長浜を特別視して無償配布することは不可能であるとの結論を示したものであった。したがって、交渉相手を失った「タダにする会」にとっては、どこかで妥協点を探るしか解決の途はなくなってしまっていたといえよう。

教育現場の混乱

一二日の教科書配布を当てにしていた長浜小、南海中も、市教委の総辞職と市長の約束撤回から受けた打撃は大きかった。それでも、教科書を使わなくても教師の自主編成による教育課程によって十分学習はできるという確信をもって、プリントによる授業を開始した。市教組も教材づくりを支援するため市内各校から組合員を送る態勢をとった。

しかし現実に授業がはじまると、子どもが教科書を持っていないことの不安と子どもかわいさから保護者の間に動揺がおこってきた。さらに、教科書を持った子どもの親、とくに南海中以外の国私立中や高校への受験に頭を悩ましていた親のなかから、教科書を使って授業をしてほしいという要求も強くなってきた。すると、この機をねらっていた保守勢力（父母会）が、親たちの動揺の広がりに乗じて「タダにする会」をつぶそうと画策しはじめた。彼らは、「タダにする会」が精力的に活動を展開していった初期、代表四人で長浜小を訪れ「なぜ教科書を売らないのか、早く売れ」と校長に圧力をかけたこともあり、いまや公然と反対運動に乗り出してきたのである。

まず、「タダにする会」の抗議集会と同じ四月一二日午後一時、教科書を買った父母ら五〇人ほどが門前地区の公民館で「正規な授業を促進する集まり」を開いた。西内良夫《にしうちよしお》長浜小校長をはじめ十数人の教員を呼んで正規の授業をはじめるよう求め、「無償にする運動の考え方は認めるが、現実には解決が困難になっているので、市の言明している買える人は買うことで円満に解決するよう学校側も協力してほしい。せっかく教科書を買っても長浜小は教科書を使わない授業をしているが、持っている子どもには使わせたらどうか」などと要求した。

これに対し西内校長らは「タダにする会の運動は正しいので現在の段階では買うことを勧めることはできない。教科書を持たない児童が多数いる現状では一部児童だけに使わせるのは教育上好ましくない」と答えた。しかし父母たちの不満は強く、「学校の協力が得られない以上、直接市教委に要求する」と同夜事務局を訪れ、教育長代理の久保学校教育課長に「もうだまっておれない。新学期が始まったのにまだ解決の見通しもない運動を続けられては子どもが犠牲になるばかりだ」と、「正常授業」に向けて事務局の強力な指導を要請し、事務局側も「正常授業を指示する」と返答した。

「正規な教育促進の会」の結成

こうして「タダにする会」に反対の声をあげた人びとは一四日午後、一〇〇人ほどがふたたび門前公民館に集まり、「長浜地区正規な教育促進の会」（以下、「促進会」）を結成。会長、副会長三人、各地区の委員を選び、強力に運動をすすめることを申し合わせた。そして、市教委に教科書を使った正規の学習をおこなうよう要求した。これに対し、市教委の久保学校教育課長は「教科書を使う方向で授業せよ」という通達を出すとともに、通達公文書を「促進会」に手渡した。

この公文書を手にした「促進会」は、その後長浜小、南海中教員の出席を求め、手島南海中校長、中島長浜小教頭ら出席した七人の教員に対して市教委の職務命令に従うよう迫り、「われわれは全児童、生徒に教科書の無償配布は不可能と判断しており、教科書使用による正規な授業開始を要求する」との要求書を読み上げた。さらに「タダにする運動を教員が扇動、教科書の販売期間中、購入を阻止した事実もある」「憲法解釈が独善的で義務教育無償の趣旨を逸脱している」などと追及、教員側から「タダにする運動と不買運動とは性格が違い、不買運動は正当と思えない」「購入をとどめたのは軽率だった」などの釈明があった。

教科書を使って授業を行なえ、と迫る父母に学校側の立場を説明する教師たち（『高知新聞』1961年４月13日（木）朝刊第９面）

正規な授業開始の要求に対して、手島校長は「南海中では職場会の決定で来週から教科書による授業を行なう。買っているものは使用させ、買っていないものはプリントで補う」と回答、父母は拍手でこれを了承した。長浜小側は校区の範囲が狭い事情などで南海中と同一歩調をとりにくいと弁明、結局「両校職場会などを通じて南海中の線に沿うよう努力する」と中島教頭が答えたが、人びとは「教科書使用の確約がないかぎり安心できない」と食いさがり、結論を得ないまま同夜八時すぎ交渉を打ち切った。

この日以降、「促進会」は人数を増やしながら、水田精喜たちへの露骨な圧力と学校への介入、動揺する親たちへの嫌がらせやあの手この手を使った抱き込み、部落差別を利用した「タダにする会」つぶしなど、連日攻勢を展開する。そして長浜全域が騒然たる興奮につつまれ、住民間の深刻な分断と対立、教育現場の混乱という最悪の状況になだれこんでいくのである。

最後の市長交渉

こうして事態が急迫するなか、「タダにする会」は四月一四日午前一〇時、市役所総務部長室で氏原市長との再交渉をとりつけることができた。交渉相手は氏原市長と森田助役で、時間は二時間以内、代表者一〇人のみという厳しい条件つきであった。「タダにする会」代表たちは最後の望みをかけ、必死の思いで市長の背信をなじり、「約束を守って、ともかく教科書を配布してほしい。教育現場の混乱を収拾するにはそれしかない」と迫った。

これに対し市長は、

一、十二日午後二時市教委代表を同行して現地で話し合うという約束は、市教委が総辞職し同行を拒否したので不可能になった。

一、教科書を持っていない児童、生徒全員にひとまず教科書を使えるよう手配するという約束については、これを実施するのは市教委の所管事項であり手続き上は市教委の決定が必要である。私としては教委の了解を求めて行なう考えだったが、これも総辞職によって手続きができなくなった。

一、新聞発表の市教委の声明書がウソかどうかは市教委の報告と代表の話が食い違っているので取り消しは考えていない。

と回答し、七日から八日にかけての徹夜交渉のとき市教委が約束した「準貧困家庭の対象ワクをひろげ、全体の二割程度まで公費負担のワクをひろげる」ことに限定し、それ以上はできないと言明した。

このようにどうしても応じようとしない市長に対し、「市長、おまさんまで私らぁをだますのですか!」と、だれかが涙まじりに叫んだ言葉こそ、代表たち全員の実感であった。

一階ロビーと二階の議会会議室で待機していた長浜の父母七〇人ほどが、心配でいても立ってもいられず傍聴に押しかけると、市長は「約束は一〇人のはずじゃった」と、それを機に退席しようとした。「何が約束ぜ。約束を先に破ったのは市長じゃないか」ともみあいになり、痩身の市長が転倒する。そんな小ぜりあいのあと、傍聴者たちが退いて交渉が再開された。（市長が転倒したとき、背後から力強く抱きおこしたのは全日自労の本山律子だった。力士のような体格と筋力をもつ彼女は、岩松といっしょに急ぎの連絡で出かけた夜、村はずれの農道で肥溜《こえだ》めに落ち汚物まみれになった岩松を引き上げてくれたこともある。）

だが交渉再開後も、市長は冷ややかに「買える者は買ってほしい。買えない者には準困家庭のワクをひろげ、全体の二割くらいまで公費で負担する」と繰り返すのみであった。前回の交渉のとき、「わしの責任で、とにかく一二日には配りましょう」と笑顔さえ交わして別れた市長とは別人のようであった。しかも、翌一五日から一〇日間、東京へ出張するという。権力の座にある者の、有無をいわせぬ強引なやりくちであり、これらすべては、四月九日、市長と市教委とによって綿密に仕組まれた筋書きだったのかと思えるほどであった。

交渉決裂後、待機していた人びとに結果を報告しながら、代表たちの胸はかきむしられる思いであった。重苦しい空気が張りつめるなかで「今度こそ大丈夫と思うちょったに……」と泣き出す母親もいた。市長たちにしてやられた怒りと、とうとう交渉相手を失ってしまった絶望感のなかで、妥協案を検討することなど到底できるものではなかった。行政の不誠実な裏切りに屈することなくさらに団結を固めようと意志統一し、その場で声明を発表して、ともかく引き上げるしかなかった。

声明書（要旨）

われわれは基本的立場の違いをひとまずおいて、当面の収拾策にしぼり市長と交渉した。市長もこれを認め十日には「十二日までにとりあえず教科書を配る」と確約した。しかし教委総辞職を理由に約束を一方的に破棄し「買えるものは買え」という初めの主張に戻ってしまった。こうした決裂を避けるため努力したが、しかたがない。われわれはまた原則的な立場を貫き、正しい運動を勝たせるため重大決意を固めている。決裂によって起こる現場の混乱は市長以下行政担当者の責任である。

迫られる戦術の見直し

最悪の状況に追い込まれてしまった「タダにする会」は、その日の夜、南部の広願寺で緊急父母集会を開いた。御畳瀬からも坂上玉野たち数人が遠い夜道を参加していた。

南部地区は解放同盟と全日自労の組織が結束を固めていたが、それでも暮らしの豊かな家庭や保守的な立場の人びとは少しずつ運動から離れて教科書を買いはじめていた。したがって、このまま運動がなし崩しに弱まっていくことだけは防がなければならず、この際、涙をのんで市長案を受け入れるか、それとも最終的に孤立しても不買を貫くか、戦術のきびしい見直しと選択が迫られていた。

ふだんは冗談をポンポン交わす失対の母親たちも一様に表情は暗かったが、だれかが「あの氏原の狸《たぬき》オヤジに負けてたまるか」と叫ぶと、ひとりの父親が「そうよ、あのテンクロに負けてたまるか」と同調し、「同盟休校をやろうぜ。こればあ三回も四回もだまくらかされて、泣き寝入りはようせん。今度こそ同盟休校やろうぜ」という強硬な意見も出された。これにはそこここで拍手がおこったが、その後はいっせいに停電したような沈黙につつまれた。唇を噛み、こぶしを握りしめる気持ちはみな同じで、子どもたちに同盟休校をさせ、親たちは市役所に座り込みをやる、そこまでやらねば収まらない気持ちがその場の全員を支配していた。

しかし、崖から突き落とされてしまったなか、勝算のまったく立たない、ただ威嚇的な戦術をとってよいものかどうか。そうでなくても彼我の力関係と状況の展開の見通し、進退の判断、収束の時期と方法などについて、いかに事前の予測や討議が甘く不十分であったかということを執行部はつきつけられていた。これまで、教科書不買という自分の肉を切るような手段を権力に対する唯一の武器として、はたからは蛮勇だと言われかねないたたかいを推し進めてきたのだが、これ以上、少数精鋭による冒険の道をとることはできなかった。

しかもその晩は、門前地区からひとりの母親が闇にまぎれるようにして駆けつけていた。運動の当初、自分の地区全体二〇〇軒の署名をひとりで集めた行動力の持ち主だった。夫が「促進会」の役員になったため離婚にいたりかねない不和がつづき、剛毅《ごうき》な彼女もついに折れざるをえなくなったのである。「残念ながらわたしは力尽きました。みなさんはどうかがんばってください」と涙ながらに頭を下げるその姿が、いっそう人びとの胸にこたえた。

ともかく、いまはじっと耐えて、新しい市教委が誕生するまで脱落者を出さないようがんばろう。長浜小、南海中の教師たちの苦労が大きいので、連絡をとりあい励まし合おう。子ども集団のなかに分裂が生じ、教科書を買っていない子どもが卑屈になったり、差別を受けたりしないよう気をつけてもらいたい、そのため学校側と早急に話し合いをもとう。このようなことを申し合わせて、苦渋に満ちたその夜の会を閉じたのであった。

運動支援の拡がり

運動が厳しい局面に立たされたとき、一方で教科書無償運動支援の輪が広がっていく。「民主教育を守る会」は四月一三日、活動者会議を開催し、市教委総辞職後の支援の仕方について協議をおこなった。

民主教育を守る会
活動者会議の御案内

新年度を迎え、なにかと御多忙の事と存じます。

さて、長浜地区の教科書をタダにする運動は市教委、市長交渉、議会え《（ママ）》の働きかけを通じて一定の成果をあげて来ましたが、この度教育委員会の総辞職によって、単に長浜だけの問題ではなく全市的な教育行政の問題になって参りました。

私達はこの問題を正しくうけとめ、民主教育を守る者としてはっきりした態度をとる必要があると考えます。

もうすでに、いくつかの地区で部分的ではありますが、この問題をとりあげ話し合いがおこなわれていますが、民教としては左記の要領で長浜地区の人々を囲んで活動者会議をひらきたいと思いますので、一人でも多く御さそい合せの上御出席下さるよう御案内申し上げます。

記

1　長浜地区教科書をタダにする会の経過報告
2　義ム《ママ》教育をめぐる情勢と方向について
3　具体的な活動計画について
日時　四月十五日(土)午后二時より
場所　教育会館（県教組）二階

一九六一・四・一三　民主教育を守る会

殿

また、高知県教組は一二日に闘争委員会を開き、県教組から日教組に対して教科書無償運動を全国的運動とするよう提案することを決定していた。さらに、一八日には常任執行委員会を開いて、長浜の教科書無償運動に対する態度を決定し、「運動を全県下に」との声明を発表した。

教科書をタダにする運動は基本的に憲法の精神に立脚したものとして、全面的に支持し、協力する。活動方針としては次のとおり。

①長浜地区民の要求を正しく評価し、全市全県的な教科書の無償運動に一体となって発展

させる。このためまず氏原市長がさる十日に地区民とかわした約束（ひとまず全員に配布する）を実行に移さす。

②市教委の責任を追及するとともに、新しく生まれる市教委は市民の民主的要求にこたえ得るものとさせる運動を起こす。

具体的には市長交渉のほか、五月末予定の県教組定期大会でも取り上げ、二学期からの後期用教科書が配布される時期に、活動を集中させる。

また、一九日には社会・共産両党、県総評、民教、市教組、県教組、民主商工会、解放同盟などによって、「義務教育をただにする共斗会議」が結成された。しかし、時すでに状況があまりにも困難な局面に立ち至っていたため、急ごしらえの共闘組織が機能することは実際には望めなかった。

教科書を使った授業の開始

教師集団の努力

長浜小学校、南海中学校は「タダにする会」の結成当初から一致して協力を決めたのではなかった。教科書無償の原則は確認していたが、教科書を買わないという運動のやり方にはむしろ懐疑的だった。岩松の「会議録」で見てきたように、長浜小は「全面的に協力するという結論は得ず、協力方法も出ず」、南海中は「買う子と買えない子が出た場合、学習上の混乱はまぬがれず、それが心配だ。責任ももてぬ」というのが「タダにする会」の協力要請に対する職員会での結論だった。しかし三月一三日に小中合同職場会をひらき、市教組の方針にそって「タダにする会」への全面協力を決定し、一八日の市教委交渉をもってからあとは、積極的に運動の一翼を担っていく。これは、市教組執行部への信頼と同時に、長年地道に同和教育をおしすすめてきた水田精喜や熊沢昭二郎、岡田慶彦、楠瀬信一らを中心として、意見の違いは多少あっても両校の教師集団に固い結束力ができていたからであろう。また、職場の討論を尊重し、仲間を守る姿勢を堅持してきた長浜小の西内良夫校長、南海中の手島春治校長の存在も大きかったと思われる。

ことに長浜小は、これまで地区教研や平和まつりなどいろんな民主的活動の場として学校を開放してきたが、「タダにする会」に対しても結成時から、宿直室、校長室、応接室、講堂など、連日の活動のすべてに昼夜を問わず校舎を提供し、それに伴うさまざまな負担もふくめて運動を支えてくれた。もし活動の場が南部の公民館（自彊館）しかなかったら、教科書無償運動がいくら憲法にもとづく正当な要求運動であっても、長浜全域をまきこんで運動を展開することなど、最初から不可能だったにちがいない。ましてや反動勢力が台頭し、住民間の分断と「タダにする会」の孤立化にのりだした状況では尚更だったろう。西内校長の勇気ある裁量と教職員たちの協力に負うものであり、感謝を忘れることはできない。

ところで、氏原市長の教科書配布の約束が市教委総辞職によって白紙撤回となり、教育現場が大きな打撃を受けたことは前の章で記したとおりである。教師たちの心労は深まり労働条件も厳しさを増すが、それでも長浜小、南海中は四月一二日以降も教科書を使わず、一致団結して自主編成によるプリント授業をつづけた。組織的共闘を当初から決定していた市教組は、連日、市内各校から十数人の分会員を送り、ガリ版刷りの教材づくりなど全力をあげて支援していた。

しかし県教組の支援は、勤評闘争への報復人事を強行する県教委との対立や、学力テスト反対闘争、日宿直拒否闘争など多くの切迫した問題をかかえていたため、掛け声だけに終わらざるをえなかった。四月一八日に県教組常任執行委員会は「教科書無償運動を県下的に広めよう」との声明を出したが、長浜に呼応して運動をおこせる校区はほとんどなかった。また部落解放運動の側も県内各地区ではげしいたたかいをすすめているなかでは、新学年がはじまった段階で出された「二学期に向けて運動をおこそう」との呼びかけも、それに応える条件や基盤は整っていなかった。

強まる反動攻勢

こうしたなかで、「タダにする会」の反対派が「長浜地区正規な教育促進の会」をつくると、はじめは素朴に授業の遅れを心配して教科書を買い求めていた人びとも、急流のようにその勢力に呑《の》み込まれていった。勤評闘争のときには教師を支持し、「タダにする会」の団体交渉にも参加していた人が、一転して「促進会」が教師を呼び出して詰問する席に加わり、拍手を送るようになった。さらに「促進会」は一般の父母だけでなく、在郷軍人会や父母会といった反動的保守派とも合流し、全市的な力で無償運動をつぶしにかかってきた。彼らは長浜小、南海中の教師たちを公民館に呼びつけたり、病気で入院中の西内長浜小校長に出席を求めたりして「教科書を使え」と迫った。また市教委事務局を何度も訪ねては「教科書を使えということは市教委の職務命令のはずだ。職務命令に従わない教員には断固たる処分をせよ」「来週から正常化できなければ、最後の手段として教科書を持っている者といない者とに校舎を分離、持っている者だけで授業をせよ」と強硬かつ無謀な申し入れさえおこなったのである。

四月一八日のＲＫＣ（高知放送）のラジオ放送では、自分たちだけの座談会を流し、教科書は親が買い与えるものだという従来の常識的な市民感情に訴えて「こんな運動は国家コジキのすることだ」と「タダにする会」を中傷《ちゅうしょう》し誹謗《ひぼう》した。しかも「あっちは三〇〇万おるというが、われわれの方は九〇〇〇万おる」と明らかに部落差別につながる挑発をして分裂をあおったのである。

学校への「授業参観」と称する監視も、一七日には約一〇〇人を動員し、その後も連日のように十数人ずつが顔を見せていた。傍若無人《ぼうじゃくぶじん》に各教室におしかけ、廊下の窓から首を出してのぞき込んだり、メモをとったり、なかには子どもに「はようお父ちゃんにいうて、買《こ》うてもらいや」とか「お金がないがじゃったら、おんちゃんが貸しちゃろか」と嫌みたっぷりに話しかける親もいた。また、それぞれの地区でまだがんばっている少数派の人びとに対して、露骨な切り崩しや抱き込みをおこなったりした。

「今のうちに買わざったら、教科書が無《の》うなるが、かまんかね」

「市教委も市長もおらんに、どうしてタダになるぜ。どうせタダになりはせんぜよ」

「教科書をタダでくれじゃいうがは、国家コジキのすることじゃ。新平民にかぎっちゅう」

教科書のない授業を参観

"正規授業"要求の長浜地区父兄ら

高知市長浜地区の"教科書をタダにする会"とは反対に"教科書を使っての正規授業"を要求している父母代表約百人は十七日南海中と長浜小を訪れ、教科書のない授業を参観した。両校ともこの日から、正規の時間割りにそって授業を始めたが、長浜小全級の父母約七十人はソロバン、作文、音楽、体育などの教課がほとんどで、プリントを使った授業も先生だけしかプリントを持っていないのを見て『これでは学力低下が心配だ』と病気のため入院中の西内校長の出席をもとめ『タダにする会の運動が正しいならわれわれの要求している正規の授業も正しいはず。これ以上現場の混乱を続けさせないため収拾に努めてほしい』と要望した。これに対して同校長は『十五日夜開かれたタダにする会の地区集会で、"このタダにする運動は正しいと思うし、成果もあがっている。今後は現実に即して解決するよう努めることが大切でないだろうか。市長回答にあった、準困児童のワクを大幅に広げる線で話し合いを進めたらどうか"と申し入れてある』と回答したが、一部父母の間にはかなり不満の声もあった。

なお、タダにする会は同日午後四時から、両校の教員と南海中で話し合ったが、宮本俸昭会会長は『無理に要求を押し通して現場を混乱させようとは決して考えていない。ただ、市教委が総辞職し、交渉相手のいなくなったいまの時期での妥協はありえない。新市教委が選ばれるまでは既定の方針で行く』といっている。

「どんな授業をしているのか」と廊下から参観する教科書を買った父兄たち

「促進会」の行動を報じた『高知新聞』1961年4月18日(火)朝刊

「そんなことしよったら税金が上がって、かえって自分らぁが困るぜよ」

あるときは理屈で、あるときは感情に訴えて、あの手この手で圧力をかけてきた。そして最後は部落差別をあおるという常套《じょうとう》手段が使われた。

そのため夫婦が不仲になったり、親戚から白眼視される活動家も出てきた。地元に住んでいた長浜小の楠瀬信一（南地）と南海中の水田精喜（門前）は「タダにする会」の事務局として最初から指導的な立場にいたため、集中攻撃の的になった。反対派の人びとは名指しで呼びつけて詰問したり、街頭で連呼したりした。「こんな運動を煽動するのは原の親戚じゃろう」「原へ行って原の者といっしょに住んだらえいわ」「こんな国家コジキみたいなことをやらせる教師は辞めてもらおう」などと脅しをかけ、水田の妻や小学五年生の息子にまで心理的圧力を加えた。のちに水田はこの時期のことを「耐え難い屈辱と苦しみの日々」と述懐している。また、「促進会」の矛先は「まだ結婚もしちょらん、親にもなっちょらん原の小娘が運動の先頭に立って、あれに何がわかるぞ」と事務局の岩松にも及んだ。さすがに彼らの宣伝カーは南部の中へは入ってこなかったが、数日間、各地区をかけまわって、運動の切り崩しをつづけたのであった。

こうした悪辣な攻撃のなかで、状況の打開と相互の歩み寄りを図るため、「タダにする会」は代表者数人で話し合いたいと「促進会」に文書で申し入れを送った。しかし、だれひとり、指定した長浜小の応接室へは現れなかった。

実はこの申し入れ書には笑い話のようなオチがついていた。岩松が指定時間の午前と午後を書き間違えて送ってしまったのである。午前一〇時を午後一〇時と書いてあれば、部落の人間は非常識で怖い、夜のこんな時間を指定してきて、何されるやわからん、と反対派は恐れたことだろう。粗忽者《そこつもの》らしいこのミスに呆《あき》れたり笑ったりしながら、それでも東崎唯夫市議と武田直房、林田芳徳ら役員は午前も午後も長浜小に行って待ちうけてくれた。「促進会」が現れなかったのは、「タダにする会」の反撃を恐れたためかもしれないが、本音は、勢いに乗る自分たちがなんで「タダにする会」と融和を図る必要があろう、あんな奴《やつ》らとはいっさい接触したくない、今の調子でどんどんやるのだ、ということではなかっただろうか。事実、それ以降も「促進会」が攻勢の手をゆるめることはなかったのである。

他方、「促進会」の座談会を流したRKC（高知放送）は、結果的に彼らの一方的な宣伝に手を貸したことになる。それゆえ公共放送としての公平性とバランスを考慮したのであろうか、後日「タダにする会」の宮本会長にインタビューをおこない、それを放送した。前の座談会を聞きもらした岩松は、メモの用意をしてラジオに向かっていた。インタビュアーが運動の経過や主張などいろいろ訊《たず》ねたやりとりのなかで、いちばん心に響いたのは、「どうしても無償でなければいけませんか。貸与ではダメですか」との質問に、宮本が即座に「ダメです。無償でなければダメです」と返したことだった。貸与という発想や提案は、これまで一度もどの局面においても浮上したことがなかったので、岩松はアッと虚を突かれ、とっさにそれもありか？という思いが頭をよぎった。そして、追い詰められたこの期に及んで、一考だにせずその質問を切り捨ててしまった宮本会長はなんと頭の固い原則主義者だろう、とひそかに思った。この違和感は後日、「やっぱり宮本さんの言うとおりだった。宮本さんは正しかった」と訂正され、教科書の貸与制にはいろんなマイナス面があることも学んだけれど、このラジオ放送のことは特異な記憶として残っている。

教科書を使った授業の開始

このような反対勢力の猛然たる動きのなかでがんばってきた長浜小と南海中であったが、これらの教師たちもしだいに苦しい選択のなかへ追い込まれていった。本来なら現場に出向いて指導と援助をおこなうべき久保学校教育課長ら市教委事務局は「教科書を使う方向で授業をせよ」と通達を出したきり、両校の再三の要請にもかかわらず、学校へは一度も姿を見せなかった。

「タダにする会」としても、情勢を座視しているわけにはいかず、四月一七日の夕刻から夜にかけて南海中で両校の教師と話し合いをもった。「タダにする会」は、いたずらに学校現場を混乱させ、教師を苦境に追い込むことを望んでいるわけではないこと、しかし教育行政者が一方的に責任を放棄してしまった今、要求を取り下げることはできないことを説明し、「臨時市議会が開かれ、新しい教育委員が選ばれるまで、できれば教科書を使わずにプリントなどでがんばってほしい」と申し入れた。

しかし両校とも教科書なしの授業は、心理的にも実際問題としても限界に達しているようだった。翌一八日、勢いに乗る「促進会」は、ふたたび「これ以上今のままの授業が続けば最後的な手段をとる」と強硬に談判し、ついに両校は職場討議の結果、「十九日から教科書を使用する」と回答、「タダにする会」にも了解を求めてきた。むろん教科書を持っている子と持っていない子を差別しないようプリント授業も並行しておこなうというものであった。それは「タダにする会」にとって、どんなに不利な事態であろうと、もはや制しようのない成り行きであった。

子どもの感想

では、このように「促進会」が「授業参観」に来るようになり、さらに教科書を使って授業が開始されはじめたとき、学校現場の主人公である子どもたちはどのような反応を示したのだろうか。水田精喜『未完成の記録』(部落問題研究所、一九六四年)には長浜小五年生の感想が三人分載せられているので、ここでは『未完成の記録』に載っていない感想文(『るねさんす』一五八号、一九六一年五月)を紹介しておこう。なお、掲載された子どもたちは全員5Aとなっており、当時の5Aの担任は横矢勝である。しかし、水田は『草分けの同和教育』のなかで、広瀬享学級の感想としており、食い違いがみられる。一九六一年度、広瀬享（旧姓中山）は5Dの担任であった。

こどもたちはこう考える（長浜小学校）

○　けんぽう二十六じょうには、きょうかしょはただだとかいてあるのに。きょういくいいんかいは、それをただにしないから、きょういくいいんかいは、くにのきまりをやぶった。そしてアメリカのロッキイドなん百きもかいいれるお金があれば、ぼくたちのきょうかしょをただにしてもらいたい。

日本のくにには、いらんところへお金をつかすぎる《ママ》と、ぼくはおもいます。ひょうご県はただでもらえているのに、長浜はただでもらえないのは、さべつのようにおもう。

そして、ただにするかいが、ちっとおそかった。

○　ぼくは。けんぽう二十六じょうのぎむきょういくがただだから、きょうかしょはただでくばったほうがよいとおもう。

日本はせんそうをしない国なのに、アメリカのいらなくなったひこうきのロッキードを三百きもかうお金があったら、きょうかしょをかってもらいたい。

ぼくは時間中に、おとながみにくるのはいやだ。先生にたのんで、あとからどれだけかったか。きいたらいいとおもう。それに、きょうしつにはいって、先生がしらべているとじろじろみるので、はやく出ていってもらいたいとおもう。

○ぼくはほんをこうているが、ほんをこうていないひとのことをかんがえると、ぼくは学校へもってくるのはいやになってくるから、ぼくは学校へほんをもってくるのはいやだ。

ぼくは、まだほんをかっていないひとは、ほんをただにして、みんなとべんきょうをしたい。

日本はせんそうにまけたかしらないが、アメリカには日本のことがわかってくれないから、ぼろのロッキードをかわされているから、ほんをみんなにくばれない。ぼくはアメリカがにくい。

○本をかわないでがんばろう。だけど、きょういくいいんかいがいないので、本をただで小学校のみんなにくばらせるお金があるのに、なで《(ぜ)》本をくばらせないのだろう。それに四月八日に、みんなに本をただでくばらすやくそくをやぶってどっかへにげていっています。はやく本をただでくばらし、本をつかってはやくべんきょうをするようにならないないだろうか。

○　わたしは、ただにしなければならないことはして、みんながなかよくべんきょうしたらよいとおもいます。

みんなが、きょうかしょをもっているひととぷりんとの人にわかれたら、するべんきょうもしたいきもちがしないので、ただでくばるものは、はやくくばってもらいたいとおもいます。

○　ぼくは、きのうきたおじさんたちは、しんぱいしなくても、ぷりんとで五年のことをしているので、本をただにするまでまっていて、もしただにならないばあいは、しかたがないから、みんな本をかいたいとおもいます。

もっとはやく、本をただにしなければならないことに、きがついていたらよかったとおもいます。

子どもたちの不安定な心理状態が文章のなかににじみでている。「促進会」の人びとの授業参観に対しては妨害行為と感じており、落ち着いた雰囲気のなかでの学習を望んでいる様子がうかがえる。また、学級の中で教科書を購入した子どもとプリントで学習している子どもとに分かれている現状を改善してほしいという願いも、子どもたちにほぼ共通したものであった。

また、当時南海中学校一年生であった生徒は次のような感想を記している。

ほうりつの上では、ぎむ教育はタダだといっていたが、げんざいでは、そのことはぜんぜんまもられていない。これは、みんなのもんだいとして、教えていくべしだと言ってもよいことだ。これは、ただしいことだ。ただしいことは、しまいまで、まもることが、わたくしたちの力でもできます。みんなで力をあわせば市長でも教育委員会でも、みんなの力にはかてないことは、わかっています。みんなで力をあわすのは今なのです。みんながだんけつして、けんぽうを守りましょう。

のちに高知市教組が運動の成果として子どもたちの権利意識の伸長をあげ、その一例として紹介した文章である。

交錯するさまざまな人びとの思い

聞き取り（1）

二〇一四年の夏、長浜南部の集会所で、当時長浜小と南海中の生徒だった人たちからとても貴重な聞き取りをさせていただいた。南部出身で長浜小六年生だったM・M（女性）と、南海中一年生だったS・T（男性）の話を紹介しておこう。

M・M

当時は六年生でしたが、覚えているのは先生が放課後にガリ版を刷って、乾かし、明日勉強するところを教科別にクラスの人数分、プリントを作っていたことです。放課後、教室に残っていたときに、先生のプリント作りを手伝ったりしたことがあります。担任の先生は五年生からの持ち上がりで前野先生でした。母親が会によく出かけており、そのときは先にご飯食べておいてと言われましたが、教科書を夕ダにせんといかんと地域全体で取り組んでいたので、お母さんを会に送り出すのはそんなに寂しいこととは思いませんでした。のちに教科書を買う子どもが出てきたときも、子どもどうしの間ではとくに何もなく、地区外の人が教科書を持ってきても見せてくれたりしたので、それほど疎外感はありませんでした。

私は三人きょうだいの真ん中で、二つ上の兄の教科書はほかの子に譲り、私は近所の一つ年上の子からもらっていました。それをまた次の子に譲らなければいけないので、教科書には名前を書かず、包装紙をブックカバーにしてそれに名前を書いていました。ですから、自分の子どもが小学校に入って新しい教科書をもらってきたとき、鉛筆一本一本に名前を書く前に真っ先に教科書に名前を書いてやりました。そのときの喜びは忘れられません。とても感動し、涙が出たことでした。

春休みに運動が起こったとき、教科書はくれるようになるから買わなくていいからねと言われ、教科書販売のときも講堂には行かないようにと言われました。自彊館（南部の公民館）に子どもたちだけで集まったことはなかったですね。六年生は四クラスでしたが、最初は教科書はほとんど買っていませんでした。学校の授業でプリント学習がはじまったとき、国語のプリントが印象に残っています。前野先生が鉄筆で書いて、人数分刷っていたので、教室に残っていたときには前野先生を手伝って、ホッチキスでとめたり、紙を二つに折ったりしました。前野先生以外に、応援の先生はよう見ていません。私は最後まで買いませんでしたが、教科書をもらうとき、ひとり一セット全部もらったわけではなく、何冊かもらって何冊かは買ったと思います。あとで足らない教科書を本屋さんが講堂に持ってきてくれたので買いに行きました。

参観日でもないのに、外から人が来ていたので、どうして来るのやろうねと思いました。ふだんは学校にめったに人は来ないのに、廊下をたくさんの人が通り、それも男性が多かったように思います。「国家こじきをいつまでやるのか」「いつまでおまえらはやるがな」などと言われ、ふだんの日におとなが行ったり来たりするのは異常なことだと思いました。担任の前野先生は、無償というのは憲法に出ており、それを守るための運動だから、こじきとはちがいます。いつかは教科書をもらえますからと父も先生と同じことを言っていましたので、教科書は買わなかったですね。母も法律に出てくるき、ただでもらうのは当然やからねと言って、会があるとごはんもそこそこに出かけていました。

だんだん買った子と買わなかった子ができてきましたが、先生は最後までガリ版を刷ってくれて、隣の人の教科書を見せてもらいなさいとは最後まで言いませんでした。教科書をもらうようになったとき、やっぱりタダでもらえたがや、やっぱりくれたがやき、運動は正しかったがやと思いました。子どもどうしのなかで仲たがいすることはありませんでした。当時の思い出は長浜小のＰＴＡ広報紙「まつかぜ」に書かせてもらいました。

S・T

私は六人きょうだいの末っ子でした。当時は中学一年生で学年は七クラスであり、担任は国語の浜崎先生でした。一年には水田先生や熊沢先生などがいました。生徒は一学年三五〇人で、一クラス五〇人ほどいましたので、掃除の時間に机や椅子を動かすのが大変でした。長浜小から五クラスでほかの小学校から二クラス分の生徒が来ていました。中学校に入るときに教科書は買われん《(買ってはいけない)》という情報が入ってきました。当時は教科書はずっとお譲りでしたので、普通なら教科書を譲ってもらって持っているはずだったので、教科書無償運動は迷惑な運動だったという印象しかありません。中学校になると、英語が入ってきて、算数も数学になるのですが、ガリ版刷りのプリントしかなく、教科書がないため予習もできません。ですから、勉強するによばん《(しなくてもよい)》という印象でした。

春休みに公民館に集められたという記憶があります。そこに集められて、教科書は買われんと言われたので、ずっと買いませんでした。本を買われんという雰囲気があって、買われんぞということになったと思います。それまではいとこからお譲りをもらっていましたが、そのときはもらいませんでした。そのときは人に反抗することはいいことだと思っていましたが、いざ隣の人が教科書を持ってくると変な気持ちになり、連休のあとにいとこといっしょに船に乗って教科書を買いに行きました。このころは雪崩を打ったように買う人が増え、五月一一日の紫雲丸《しうんまる》遭難七回忌のころにはクラスの半分以上が教科書を買っていました。

担任の先生は革新じゃなかったからか、とくに何も言いませんでした。教科書を持って学校に行くのが普通だったのに、おとながワイワイ言うので迷惑でした。小学校のときは勤評闘争で先生がおらず、しょっちゅう自習でした。中学校になると、教科書無償運動で勉強そっちのけの状態でした。水田先生のクラスでは熱心に子どもに説明したかもしれませんが、自分のクラスでは何も聞いていません。最初は教科書を買うといじめられるき、買いませんでした。でも次第に買う生徒が増えてきたので、連休の終わりのころに教科書を買いに行きました。英語の先生は若い臨時の先生でしたが、教科書がないため授業がよくわからず、勉強するによばんという気持ちになったことです。音楽は女の先生でしたが、「解放歌」や「聞け万国の労働者」「原爆許すまじ」などを子どもに教えたりしていました。

白鳥《しらとり》事件の話も聞かされました。学校は荒れていて、南海動物園などと言われていました。『未完成の記録』に出てくる感動的な卒業式は、水田先生や熊沢先生たち、一部の教師の実践だったと思います。

もっと勉強していたら、別の高校に行けたかもしれません。教科書のない期間はとても長いように感じたのですが、わずか一カ月ほどの期間だったのですね。

半世紀以上昔のことだが、ふたりとも当時のことをよく覚えていた。教科書を譲りあうのが当たり前だった子どもにとって、この無償要求運動は初めて遭遇した大事件であり、忘れられない特別の記憶として残っているのであろう。学校の雰囲気や担任教師たちの姿勢と言動、クラスの様子、自分自身の気持ちなどを飾らぬ言葉で率直に語ってくれた。

聞き取りをさせてもらって、親や担任教師の働きかけの仕方により子どもの受け止め方が大きく変わることを具体的に教えられた。また、S・Tの述懐には少なからぬ驚きとショックをうけ、考えさせられた。運動に夢中になっているおとなや教師たちへの冷めた観察、反抗心、思春期の少年の屈折しがちな感情など。それにもまして、「教科書無償運動は迷惑な運動だったという印象しかありません」と直截《ちょくせつ》に言われたことは堪《こた》えた（むろん、昔の話だから、大人へと成長していく過程で加味された分析や解釈、記憶の整合性のようなものが多少は混ざっていたかもしれないけれど)。いずれにせよ、もっとも重要な子どもたちの心の問題を見落としてきたのではないだろうか。みながみな、M・Mのように、「タダにする会」の運動を素直に理解し協調してがんばった子どもばかりではなかったろう。学校の騒然たる異常な雰囲気のなかで、勉強に身が入らず苦しんでいた子どもも確かにいたにちがいない。ふたりが快く思い出を語ってくれたことに感謝しながら、あらためて考え込まざるをえなかった。

聞き取り(2)

その日は岩松のふたりの姪《めい》も同席していた。彼女たちからは何度も聞き取りをしていたが、当時中二だった姪の忘れられない記憶は、学校へ授業をのぞきにきた「促進会」の男性から「早う本を買うてもらいや。お金がないなら、おんちゃんが貸しちゃるき」と言われ、腹が立って「おんちゃんに借らいでも、えい。お金がないがじゃない。運動しゆうき買わんがじゃ」と言い返したことだったという。その話をするとき、姪の語調はいつも強くなった。

もうひとり、小四だった姪のほうは、母親が時どき集会に出ていたこと以外はほとんど何も覚えていなかったが、西内長浜小校長や手島南海中校長の風貌はよく記憶していた。S・Tの話についてあとで感想をきくと、「べつに驚きやショックはうけなかった。はっきり言うてくれて、むしろ新鮮な感じがした。子どものなかにも大人のなかにも、いろいろ複雑な思いをした人がいっぱいおったんじゃない？　おって当然よね。おばちゃんたち、運動の中心部へは届かざったろうけど」と冷静な分析をした。そして、「これだけ大きなたたかいをしたがやき、いっぱいあるわね。それでも、教科書無償運動の意義は歴史に残る立派なたたかいやと思うよ」と、打ち萎《しお》れかけた叔母にエールを送ってくれたのだった。

長浜小には当時六年生だった岩松の甥《おい》もいた。小学一年と二年のときの担任は今井玉子先生で、前野美代先生と崎山洋子先生のこともよく覚えていた。家は農家で、病みがちな父を助けて、登下校の合間に飼い牛に与えるハミ切り（秣《まぐさ》切り）などの農作業をすすんで手伝い、さらに翌年の私立中学受験にそなえて塾へも通っていた。教科書が欲しいのは山々だったが、一言も欲しいとは言わなかった。ラジオ局が子どもの生の声を聞くために長浜小へ来たとき、同学年の女の子とふたり、別室で質問に答えた。ぼくたちは最後までプリント授業でがんばります、と話したという。父親が倒れたこともあって進学をあきらめ南海中に入ったが、学校はとても荒れていた。三年のとき担任が水田先生になり、北朝鮮の映画やローザ・ルクセンブルクの話を聞かされたりしたことが記憶に残っている。水田先生へのシンパシーはあまりもてなかったという。

本当は南部だけでなく、他地区の子どもだった人たちの聞き取りもしたかったのだが、連絡の取りようがなくて、できなかったのは残念であった。

それにしても、今回わずか数人の聞き取りをしただけで、思いもかけぬ重大な反省をさせられた。運動の終盤、「促進会」に包囲され教科書を買う家庭が急速に増えていった状況のなかで、「タダにする会」が憂慮したのは子どもたちのことであった。険悪な地域内の対立が子どもたちにも波及し、学校の空気を悪化させているのではなかろうか、教科書を持っている子と持っていない子の間に感情的なミゾや差別が生じてはいないだろうか……。この時期、「タダにする会」は運動の成否以上に子どもたちの問題を大切に考えていたはずだった。

しかし、と振り返らずにいられない。それは、子ども集団を単純に二分して、関係悪化を心配していたにすぎなかったのではなかろうかと。子どもたちはそれぞれ異なる環境と事情のもとで、それぞれ切実な不安や願い、固有の内部世界をもっていたのだ。それを汲《く》みとる努力をどこまで真剣におこなったと言えるだろうか。「タダにする会」結成時から破竹のような勢いでたたかってきたために、肝心の子どもたちと向き合う時間もエネルギーもなく、ほとんど学校任せにしてきた。そして、おとなの論議と信条だけで運動をすすめてしまった側面は否定することができない。半世紀以上の歳月を経て、ようやく気づかされた痛棒であった。

プリント教材に励む教師たち

長浜小と南海中は四月一九日から教科書とプリントを併用した授業にふみきった。それによって「促進会」からの圧力はいくらか軽減されたかもしれないけれど、教師たちの実際的な苦労は並大抵のものではなかった。前記M・Mの話からもわかるように、教科書を持っていない子どものために毎日、プリントの教科書を作らなければならなかったからである。永吉玉子（旧姓今井。当時、長浜小一年担任）の述懐によると、一枚の原紙を鉄筆で切るのに約一時間、それを全教科、低学年の子どもには赤・黄・青・黒のインクを使って色刷りにし、本物の教科書よりもっと良い物を作ろうと、教科書を買わずにがんばっている親たちに支えられて遅くまで作業した、いろいろ事情はあってもだれひとり「私はようついていけません」と言う教師はいなかった、人手が足りず、市教組の応援で他校の先生たちにも来てもらってがんばれた、とのことである（ビデオ「証言・高知市長浜の教科書無償運動」高知市教育委員会作成）。あらためて、教師集団の大変な努力によって運動が支えられ成り立っていたことを思わずにはいられない証言である。

『高知新聞』投書に見る運動の評価

次に、当時の人びとが長浜の教科書無償運動をどのように見ていたのか、『高知新聞』投書欄（「読者の広場」）から抜き出してみよう。

最初に登場するのは、一九六一年四月一〇日掲載の「教科書をただにする会に思う」（五九歳の男性、農業）で、「タダにする会」に教科書販売への協力を促した文章である。そこでは、「長浜地区父兄は教科書の無償配布を主張して不買同盟を作り子どもたちは新学年を迎えながら教科書を買ってもらえず不安におののいている」として、「実に由々《ゆゆ》しい問題」だと指摘する。「タダにする会」の主張については、「それなりのいい分はあろうが、長浜だけをそうすることはとうていできない話」であり、無償配布するための費用は税金でまかなわなければならず、国民が「増税増税で苦しんでいる現状でこれ以上増税はしてもらいたくない」と主張している。そして、「買う能力のある方は買って下さい。買いたくても、買えない人には無償配布する」という市教委の言い分は「筋が通っている」とし、子どものためならば「たとえ食う物は節約してでも買って与えるのがほんとうの親の愛でなかろうか」と、親の愛に訴えて子どもに教科書を買って与えるべきだとした。教科書を買わない親の心情を疑問視する投書であるが、ここには無償運動に反対する人たちの代表的な意見が示されている。そして、教科書がなくて不安におののいている子どもに対し親として本当の愛情をもっているなら今すぐにでも教科書を買い与えるべき、とする主張は多くの人びとの共感を得ていく。

また、市教委総辞職と市長の約束撤回後の四月一六日には、高知市内在住の教員（男性、三〇歳）の「教科書を無償にする会の皆様に」が出ている。ここでは、まず「タダにする会」が「義務教育無償の原則に立って教科書を無償にせよと要求しているのは原則的には正しい」「義務教育の本来のあり方を貫くという意味で、大いにその正義感は賞賛されてよいと思う」としたうえで、しかし新学期になっても事態の収拾がみられない状況のなかでは、「自分たちの正しさを主張するの余り、本来の目的を忘れかけているのではないだろうか」とした。そして「義務教育無償の原則に授業料以外の教科書、学用品などをも含めるべきか否かは未《いま》だ解決をみていない問題」であり、「運動を推し進めるには、かなり長期の見通しに立った、ねばり強い運動こそが必要」であって、地方財政が逼迫《ひっぱく》しているなか、地方自治体の受け入れられないことを要求するのは間違いであり、国に対して要求していくべきだとした。したがって、これ以上「革新勢力から選出された市長を責めるに急なことは、運動自体の発展の上からも得策ではあるまい。長浜地区の父兄各位の自重を切に要望したい」と述べている。運動側の主張は認めつつも、結論的には運動側の妥協による収束を促す論調であり、市教委の主張に与《くみ》するものだといえよう。

　無償運動に賛意を表したのは「教科書をタダにする運動に賛成」とする投書（四月一九日、男性、三二歳、療養者）のみであった。「タダにする会」の運動は「いつかは起こりうることを想像していた」として、「九年制義務教育とし、かつ、憲法第二十六条があるということは、その立法過程において、爾後《じご》の法解釈は、運用の段階で、民意を尊重し、それを反映さす運用をしなければならん義務を負っていると考えるから」と賛成の理由を述べている。そして、「義務教育現行のあり方を、われわれは『教科書有償制度』だとは解していません。予算をくれないから、われわれは、教科書によらず、教材費、施設費等々を、ＰＴＡの事業や、会費などで援助し、別に学級費として消耗品代などを出しています。買えるから買っているのではなく、買えない者もあるし、買わなければ仕方がないとしているのです。このような事情は、十分承知している政府なのです。この盛り上がりを機会に、全国的な義務教育再認識と、予算を拡充してもらう運動に、広がることを望んでいます」と結んでいる。この憲法解釈と運用に関する具体的な指摘が、厳しい局面に追い込まれていた「タダにする会」への援護射撃であることは確かだったけれど、残念ながらその反響は出てこなかった。

　唯一、地元長浜からの投書「早く教科書を」が掲載されたのは四月二二日のことである。年齢は無記だが、実名入りの女性である。全文をあげておこう。

早く教科書を

◇教科書のことで私の地区では買うな、使うなともめ、みんなの注目の的になっていますが、私はくわしいことはよくわかりません。ただでもらえるというので私も署名に印をおして会合にもたびたびでていきました。

◇ところが市の方々たちとの話のようすをきいていると、これが国できめた法律を、よく知った人たちの話ぶりかと、いたたまれない気持ちになりました。一方、この運動を先に立ってやっている顔ぶれを見ると、若い娘さんや、学校行きの子どもをもたない人や、長浜では見たことのない人たちばかりなのはどうしたことでしょう。市長さんや教育委員の人たちも、いうことをたびたびかえたりしたのはどうしたことでしょう。

◇本を売るとか売らせないとかいうことは、一部の人たちだけで決められているのはどうしたことでしょう。もうこれ以上、本なしでは、辛抱できませんが、どこにも売っていないのです。早く買えるようにして下さい。ただにすることは賛成ですが、一部の人たちの考えだけで、いつまでもこんな状態では子どもがかわいそうです。

「タダにする会」の運動に当初は参加していた母親が、反対意見を実名で新聞に投稿するには、よほどの勇気を要したにちがいない。「どうしたことでしょう」と素朴な問いを連発しながら、市教委や市長に対する不信感と、「タダにする会」の構成メンバーに対する疑念、教科書の販売方法への不満など、抑えようのない気持ちを吐露している。いつまでも手元に教科書がない不安定な状態では子どもがかわいそうだ、「早く買えるようにしてください」という訴えには当事者ならではの切実なリアリティーがこもっている。ただ、運動の指導者層について、「若い娘さんや、学校行きの子どもをもたない人や、長浜では見たことのない人たちばかり」としているのは、運動を批判する人びとの論調と同様のものであり、さらに「人たちばかり」と強調することによって「タダにする会」を部外者の運動と見なし、運動を否定的に色づけしたことは否めない。

このように、『高知新聞』の投書欄には「タダにする会」の運動に批判的な文章が多く見られる。これは批判的な投書のほうが多かったからかもしれないが、のちに見るように「社説」などで運動に批判的な言説が展開されるのと時期を同じくしており、高知市教委の総辞職以降、総体として『高知新聞』は「タダにする会」の運動を抑制する側に大きく舵《かじ》を切ったといえよう。

憲法第二六条の解釈をめぐって

高知市教委総辞職の波紋

市教委の総辞職は、「タダにする会」の人びとに衝撃を与えただけでなく、全国の教育界へも波紋を広げた。『毎日新聞』（一九六一年四月一二日朝刊）は「『市教委』が総辞職／高知　父兄の教科書不買で」の見出しで、次のように報じた。

高知市教委は同市長浜地区父兄らの教科書不買運動で「教科書なしの新学期となった事態」を解決できないとして十一日、氏原市長に浜川委員長、島本、鍋島、高崎各委員と政平教育長が辞表を提出した。理由は地教委の権限だけでは解決できないというもので、同市長は辞表を受理した。

同地区父兄らで組織する「教科書をタダにする会」は十日夜市長と交渉「無償配布の要求は認められないが、混乱を避けるためとりあえず全員に教科書をくばる」との回答を得、十二日午後、現地で説明会を開くことになっていた。

「教科書をタダにする会」は同地区の解放同盟が中心となり、小学一年生の年間教科書代平均四百三十五円、中学の同九百二十五円は貧困家庭には負担が重すぎるので憲法二十六条の「義務教育はこれを無償とする」ことを果たしてもらおうと三月初めから署名運動を起こし約二千人の父兄のうち約千五百人が加わっていた。

内藤初等中等教育局長の話　憲法に「義務教育は無償とする（第二十六条②）」とあるのは授業料をとらないということで、教科書をタダにすることではない。このことは教育基本法第四条にも明記してある。

この記事では、長浜の教科書無償運動が全国的な話題としてとりあげられているが、高知市教委の総辞職という事態にいたったことにより、問題は高知市の域をこえて、全国的な問題へと波及していったことを示している。とりわけ、文部省のコメントは、長浜の教科書無償運動について文部省がコメントした最初のものと思われるが、義務教育無償とは授業料の無償のことであって教科書の無償配布ではないとする文部省の基本姿勢がはっきりと示されている。

憲法第二六条の法解釈

高知市教委が三月一八日の時点で、憲法第二六条の解釈について文部省に照会をかけていたことはすでに触れたとおりである。この照会に対して、文部省はすぐには回答を示さず、市教委の総辞職が全国的に報道されるにいたって、四月一八日付で回答をおこない、同時に各都道府県教育委員会あてにその回答を参考として通知した。

文部省初等中等教育局長
内藤誉三郎

高知県教育委員会教育長殿

「憲法第二十六条の解釈の関連について」(回答)

標記の件について、貴県高知市教育委員会から別紙のとおり照会があったので、下記のとおり回答しますから、貴職からご通知願います。

記

憲法第二十六条第二項の「義務教育は、これを無償とする」という規定について、法律上定められているその具体的内容は、国立または公立の義務教育諸学校における授業料の不徴収をいうものであると解される（教育基本法第四条第二項、学校教育法第六条）。したがって、地方公共団体は、その設置する義務教育諸学校の児童生徒の保護者にたいし、当該学校において使用する教科用図書を無償で支給する法律上の義務を負うものではない。

文部省が義務教育無償の範囲を授業料の不徴収に限定する根拠としてあげたふたつの条文は「国又は地方公共団体の設置する学校における義務教育については、授業料は、これを徴収しない」（教育基本法第四条第二項）、「学校においては、授業料を徴収することができる。ただし、国立又は公立の小学校及び中学校、これらに準ずる盲学校、聾学校及び養護学校又は中等教育学校の前期課程における義務教育については、これを徴収することができない」（学校教育法第六条）である。しかし、このふたつの条文は、授業料不徴収の根拠にはなりえても、義務教育無償の範囲を授業料に限定する根拠になりえるものではない。したがって、文部省の主張は、後者の法的根拠を明示できず、完全無欠とはいいがたい。ということは、東崎唯夫市議の議会での質問や「タダにする会」宮本儔会長のコメントにあるように「保護者が教科書を買わなければならないという法律的根拠はない」という解釈と主張もまた成り立つのである。つまり、憲法の「義務教育は、これを無償とする」の「これを」は、授業料だけに限定されず、学校教育に不可欠の教材・教具・諸活動も含まれて当然と考え、その第一歩として教科書無償運動がとりくまれたのである。

一方で、義務教育無償の範囲を授業料以外にも及ぼすことが可能かどうかとなると、当時の憲法論者においても意見の分かれるところであった（当時の憲法論者のなかでは授業料の不徴収に限定されるというのが多数説であった。これは現在でも変わらず、教科書無償制度は立法政策の問題であり、立法政策の転換によって有償となることもありうるといわれる）。また、最高裁の「義務教育費負担請求事件」にかかる判例でも、「（憲法第二六条の）無償とは授業料不徴収の意味と解するのが相当である」「もとより、憲法はすべての国民に対しその保護する子女をして普通教育を受けさせることを義務として強制しているのであるから、国が保護者の教科書等の費用の負担についても、これをできるだけ軽減するよう配慮、努力することは望ましいところであるが、それは、国の財政等の事情を考慮して立法政策の問題として解決すべき事柄であって、憲法の前記法条の規定するところではないというべきである」（最高裁昭和三九年二月二六日大法廷判決）と出ている。

この四月一八日の時点で文部省が高知市教委あての回答文を作成したのは、高知市教委総辞職が全国的に報じられたためとも考えられ、教育委員会の総辞職という事態が発生しなければ未回答のまま終わったかもしれない。教委の総辞職という事態が他の地域へ波及しないようにということで、文部省は高知市教委への回答のみに終わらせず、その回答を参考として各都道府県教育委員会あてに通知したものと思われる。『高知新聞』(一九六一年四月二二日)も「文部省は、高知市長浜地区で起こった教科書無償運動に関し、今後各地で同様ケースが出てきた場合に対処するため、『教科書を無償で配布する法的根拠はない』との正式見解を発表、二十日付けで内藤初中局長から各都道府県教委あて通達した」と文部省の見解を報じていた。

『高知新聞』報道の衝撃

文部省の憲法解釈が高知県内に伝わるのは『高知新聞』一九六一年四月二一日(金)夕刊によってであった。新聞は「波紋よぶ教科書問題」として「文部省・日教組・学識者の見解」をそれぞれ紹介した。

憲法による「義務教育無償」の条項をタテに、高知市長浜地区で起こった〝教科書をタダにする運動〟は、あくまでも全員無償を貫こうとする〝タダにする会〟父兄の要求と「買える能力のあるものには買ってもらう」とする市当局の主張が対立したまま、市教委総辞職の事態にまで発展、一方、地元父兄も賛否両派に分かれ、紛糾のまま新学期第三週を迎えようとしている。最近では紛争の焦点が学校現場の授業形態に移り「教科書を買っていない子がいる以上、教科書を使った授業はできない」とする学校側と「教科書を使って正規な授業を行なえ」とする〝正規な授業促進会〟……つまり無償運動に反対する父兄の意見が対立、もめたすえに十九日から南海中、長浜小両校で教科書使用の授業を始めた。しかし、肝心の無償運動の処理はタナ上げのままで、問題の本質面では解決に至っていない。しかも県教組では「教科書無償運動を全面的に支援、二学期の教科書が配布される時期をねらって全県運動を起こす」との声明も発表している。そこで高知新聞社では、関係者上層部と憲法学者はどのように考えているか、意見を聞いてみた。

無償義務なし　内藤初中局長

日教組文化部　早急配布望む

文部省初中局長　内藤誉三郎氏

こんどの教科書不買運動は一部のためにする政治運動だ。いまとやかくいうと騒ぎを大きくするばかりだから、静観したい。高知市教委がこの問題で総辞職する必要はなかったと思う。所得倍増が実現して国家財政も向上した場合、教科書の無償配布がありうるだろうが、現在の制度ではどうすることもできない。まじめな父兄は自分たちの生活費を切りつめて、その分だけ子どもたちに教科書や学用品を買ってやり、りっぱな人間に育てようとしているではないか。こうすることのできない家庭の児童、生徒七パーセントには教科書を無償で配布している。

日教組教育文化部

憲法第二十六条後段の「義務教育は、これを無償とする」という規定は授業料も教科書も無料でなければならない――というのが日教組の基本的な考え方だ。二十九年小学一年の国語、算数の教科書が無償配布されたことがあり、日教組としても、ことしの二月東京で開かれた教科書研究集会で教科書の無償配布を強く推進することを決めている。

しかし高知市で行なわれているのと同じ形で、この運動を全国的に広げることは必ずしもうまくゆくとは考えていない。地域ひいては全国的な運動の進め方などについて今後機会をとらえて発展させて行きたい。

問題の長浜小や南海中では教科書を持たない子どもらにはプリントを渡して授業をはじめたということだが、教師が十分手だてすれば学力が落ちる心配はないだろう。この状態が長びくことは好ましくないので、教科書のない生徒にはできるだけ早く市の予算で購入し、配布するよう望んでいる。日教組としてはいまのところ、この問題で高知県教組に指示、通達などはしていない。

授業料の免除が定説
憲法26条　拡大解釈は無理
早大教授　吉村正氏

〝マ憲法〟といわれる現行憲法第二十六条の「義務教育は、これを無償とする」という規定は、英文によるとシャル・ビー・フリー（shall be free）となっている。この「フリー」は無料とか無償とか訳されているが、これには授業料のない、授業料を免除されたという意味が含まれている。つまり〝無月謝〟ということである。したがって教科書代や給食費は〝無償〟の中に含まないと解すべきだ。

この規定を拡大解釈して、教科書もタダにすべきだというのは無理だと思う。理想としてはそうあるべきだし、そこまでもってゆくべきだと思うが、現実はそうでなくてもやむを得ないという学界の定説に私も同感だ。

諸外国の例をみても教科書を無償にしているのは、貧民くつにある小学校のような特殊学校に限られている。そこではそうしなければならぬからしているのではなくそうしたほうがよいからしているわけだ。わが国でも生活保護児童に対する教科書は全額国庫補助されており、準要保護児童も全部タダになっている。

ソ連や中国では無償ではないかという意見もあろうが、ソ連、中国では国家の統制と計画のもとに教育が実施されているのだから、これを同一に論ずることはできない。現行憲法の基本は個人中心、個人自由主義の立場をとっており、自由主義陣営と共産主義陣営では国家がしなければならぬ教育の内容、程度の違うのは当然だ。要するにこの規定は「目標としてはなるべくそうしたい」と解釈するのが妥当だと思う。

文部省から
市教委に回答

高知市教委は、長浜地区の教科書不買運動について、三月末文部省に対し、義務教育は無償とすることを定めた憲法二十六条の解釈を問い合わせていたが、二十一日、同省内藤初等中等局長から県教委を通じ要旨次のような回答があった。

憲法二十六条に定められている義務教育無償の原則は、授業料の不徴収をいうもので児童生徒に教科書を無償で支給する法律上の義務を負うものではない。

この一連の記事に目を通し、内藤誉三郎《ないとうたかさぶろう》の談話を読んだとき、岩松は怒りで全身が震えるほどであった。「こんどの不買運動は一部のためにする政治運動だ。いまとやかくいうと騒ぎを大きくするばかりだから、静観したい」。「一部のためにする政治運動」とは何だ、「騒ぎ」とは何だ、「所得倍増が実現して国家財政も向上した場合、教科書の無償配布がありうるだろうが」とは何だ、憲法のケの字も出てこないではないか、「まじめな父兄は自分たちの生活費を切りつめて、その分だけ子どもたちに教科書や学用品を買ってやり、りっぱな人間に育てようとしているではないか」とは何だ、一体どこを見て言っているんだ。貧しい暮らしのなかで自分たちが満足に受けられなかった教育をせめてわが子にはきちんと受けさせてやりたいと、日当三百円の失対労働の賃金をパァにして運動に立ち上がった部落の親や不漁にあえぐ御畳瀬地区の親たち、その厳しい生活費のどこを切りつめろというのだ、みんなまじめな一生懸命な人たちばかりではないか！　何という言い草だ！　「静観したい」のならこんな威丈高なコメントを出すな！

このときには、内藤が「鬼の誉三郎」と日教組から恐れられた勤評推進者だったことも知らず、彼の経歴について何も知らなかったけれど、中央権力者の高圧的で傲慢《ごうまん》な思想をまざまざと突きつけられた思いだった。

また、「高知市教委がこの問題で総辞職する必要はなかったと思う」という断定的なコメントにも高所からの威圧を感じ、政平教育長たちがいささか気の毒に思えた。何度も激しい交渉を重ね、裏切られたり土俵をはずされたりした市教委と市長ではあるが、彼らには地方自治体の役職者として直接に顔が見えたし、一定の努力や誠意も感じられた。所在をくらました挙げ句、総辞職に打って出たのが「タダにする会」への決定的高等戦術であったにせよ、彼らの苦悩もまた深かったにちがいないと思えたからである。

ともあれ、こうした文部省の一方的な発表によって、「タダにする会」は、高知市教委、高知市長、文部省、そしてマスコミと、権力を行使しうる諸組織が運動の彼岸にたっていることを思い知らされた。さらに「促進会」のような地域のなかの反対勢力の出現によって、教科書を購入する父母は急速に増加し、五月の連休明けには、運動当初に一六〇〇人をかぞえた不買者も五〇〇人ほどに激減していた。「タダにする会」の執行部はこうした四面楚歌《しめんそか》の状況のなかで、厳しい局面をどう打開していくのか困難な選択を求められることになった。

『高知新聞』の運動への評価

『高知新聞』は「タダにする会」の結成時から長浜の教科書無償運動について、詳細な報道をおこなってきた。最初は運動に対して好意的な記事が散見されたが、高知市教委の総辞職をさかいに運動への評価も変化していった。ここでは、市教委総辞職直後に出された「社説　教科書不買と護憲」(一九六一年四月一三日(木)朝刊第一面)をつうじて、高知新聞社の運動に対する評価がどうであったのかを見てみることにする。

高知市長浜地区の教科書不買問題はデッド・ロックに陥った。十三日の同市教育委員の総退陣については、世間の評価も一様ではあるまいが、その声明の「妥協は正常な教育行政を一層混乱させる」とか「当教委の能力で解決する方法はもう見出せない」との表現に、事態の重大さが感じられる。

「義務教科《ママ》書をタダにする運動」の主張は、憲法第二十六条の義務教育無償の規定が教科書にもおよぶ、従って教科書の不買は憲法上の当然の権利である、ということに集約される。この憲法解釈の当否はともかく、不買派の要求が一地教委の手で処理できぬことは、その教育予算を見てもわかるはずである。ということは、予算の内容が現状のままでよいということではない。むしろ、教育が国の施策の大宗でなければならぬとの教育至上主義に立つなら、義務教育費の一部を父兄に転嫁している現状は、教育の冷遇もはなはだしいといってよい。しかし、これと不買派の主張とは次元が違う。そこに混乱の原因があるようである。

憲法のいう「無償」がワイマール憲法のように、教科書にまでおよぶとの明示があれば、今日こうした不買運動など考えられもしない。また六・三制の義務教育九年制が実施されたとき、立法政策上、せめて困窮家庭の児童は全教育費を無償とするくらいの配慮がほしかった。憲法解釈の問題として考えれば、第二十六条は、少なくとも教科書無償を〝希望〃している、とわれわれはみたいし、また教育基本法が「授業料の無徴収」だけしか規定していないのは、文教政策の不備だとも思う。が、こうした政治的判断から法秩序無視の行動に出ようとすれば、一体どういうことになるだろうか。不買運動者にまず考えてもらいたいのは、現行の「教科書有償」制度を根底からくつがえそうとする不買運動は、その憲法解釈の妥当性を法律的事実によって裏づけない限り、市教委の顔ぶれがどう変わろうとも、無償支給の要求は拒否されるだろうし、さらには事態を紛糾さすだけではないかということである。

不買運動は護憲精神から出たものだといわれる。そうだとすればなおのこと、現行の有償制度を合法的に変革する手続きをとるのが護憲の条理にかなうゆえであろう。国会を動かし「教科書無償」を立法さすなり、最高裁に有償違憲訴訟を起こすなり、いずれにしても交渉の相手である市教委が法律的に無償支給することができるようにしてこそ、護憲の精神はさらに生かされもしようし、またそれだけ運動の成果も高まるに違いない。

教科書無償運動が最終的に国会をゆり動かし、無償の立法化をめざすべきだとする正論?を唱えている。実際に完全無償化を実現するためにはそれしかないのかもしれない。また、不買運動を「現行の『教科書有償』制度を根底からくつがえそうとする」運動とみなしているのも妥当な見方であろう。しかし、「憲法解釈の妥当性を法律的事実によって裏づけない限り、市教委の顔ぶれがどう変わろうとも、無償支給の要求は拒否されるだろうし、さらには事態を紛糾さすだけではないか」という突き放し方になると、どの立場からの主張なのか首をかしげざるをえない。「タダにする会」のすすめている市教委、市当局を相手とする運動は「法秩序無視の行動」にすぎず、すぐにでも終息すべきだとの主張とも受け取れ、少なくとも運動をすすめている人びとに寄り添おうとする姿勢はまったく見られない。

なお、高知新聞社の主張ではないけれども、エッセー欄の「閑人調」でも「タダは高い」と題して、長浜の教科書無償運動を揶揄《やゆ》するような文章が掲載された(『高知新聞』一九六一年四月一七日(月)朝刊第六面)。

教科書をタダにせよ、という騒ぎで子どものころを思い出した。教科書を買えないほど家が困っていたわけではないが、ぼくはいつも好んで上級生の古本を譲ってもらった。それもだれでもというのではない。これと目星をつけた秀才の上級生からだ。彼の成績にあやかろうというエンギもあったが、なによりも実利的で彼が教科書にていねいに書きいれてくれてある勉強の跡がありがたかった。とくに彼の教師が担任になりでもすると、この〝書き入れ〟は試験問題の大きなヒントにもなり、事実、ヤマもよく当たったおぼえがある。

もちろん、これは国定教科書のころのことで、いまの〝自由教科書〟時代に通用する話ではない。それに、ぼくのこの〝ひそかな楽しみ〟はやがて教師の知るところとなり、一種のカンニングとしてにらまれる結果となったのだから、あまり吹聴できる思い出ではない。

◇

教科書はタダにできればタダにした方がよいに決まっている。憲法に決められた「義務教育は無償とする」という条文の解釈は、国や自治体の事情さえ許せばできるだけ大幅に広げ、なにからなにまで無償にしたがよいだろう。だが、子どもたちめいめいの勉強は別だ。これは、タダではもらえない。あくまで自分の頭で自分の努力でものにしていかねばならぬ。「教科書をタダにする運動」がむやみにこうじて、子どもの勉強意欲までそぐのでは、〝タダより高いものはない〟ことになろう。（雅）

教科書無償運動に反対の意思表示ではない。しかし、「教科書はタダにできればタダにした方がよいに決まっている」としつつ、運動がこうじて「子どもの勉強意欲までそぐのでは、〝タダより高いものはない〟ことになろう」の一文となると、運動はほどほどにすべきだという結論になってしまう。「タダにする運動」がどうして子どもの勉強意欲をそぐことになるのかの説明はまったくないにもかかわらず、運動のやりすぎは子どもにとってマイナスに作用するという論旨では、「タダにする会」の活動に冷水を浴びせるものでしかなかった。

終結へ

革新クラブの斡旋

教育長、教育委員全員が空席で事態打開の方途もないまま、長浜小と南海中は四月一九日から教科書を使う授業にふみきった。これによって「促進会」による圧力はひとまずおさまったものの、教科書を買っていない子どもの教材づくりと円滑な学級運営のための物理的心理的苦労は解消されることがなかった。そして「タダにする会」の人びともまた、見通しの立たない状況のなか不安と焦燥に耐えながら励まし合う日々がつづいた。

一方、教育現場の混乱を憂慮していた東崎唯夫や藤沢喜郎たち市議会革新クラブは、四月二〇日より事態の収拾に乗りだし、長浜に出向いて両校の教師や「タダにする会」の人びとと話し合いをすすめ、さらに市教委事務局とも交渉をもって解決の途《みち》を探っていった。

四月二〇日に南海中を訪れたのは藤沢喜郎と矢野春治の両市議で、対応したなかのひとり水田精喜は「わたしたちの話をよくきいてくれました」と、その時の様子を振り返っている（『草分けの同和教育』）。その席上、水田らが具体的にどのような話をしたのか定かではないが、「さまざまな圧迫の中で孤立し疲れの見えてきた地域の父母、教師たち、それにもまして子どもたちはぼつぼつ教科書がほしくなってい」た状況を説明し、「この革新議員団の斡旋《あっせん》だけが今は唯一の解決の窓」であったため、望みを議員団に託したのであろう。当日、長浜小へは東崎唯夫と小笠原国躬の両市議が訪問したものと思われ、現場の実情を把握したうえで、革新クラブの議員団は市教委との交渉にあたっていったのである。

その結果、四月二八日現在で教科書を買っていない子どもたちの名前を長浜小と南海中それぞれでとりまとめ、その名簿を市教委に提出した。その後、革新クラブは五月四日に総会を開き、「教科書問題を長浜問題と限定せず全市的配慮に立って準困のワクをおさえ、長浜に対して、その数を示して処置するよう」市教委に斡旋した。

部落解放同盟高知市協議会第三回大会

このように革新クラブによる仲介が開始されて二週間ばかり過ぎた五月七日、部落解放同盟高知市協第三回定期大会が県社会福祉会館で開催された。

一九五九年五月に結成された高知市協は、委員長に武村文男（長浜）、書記長に宮本儔（長浜）が就任し、一〇月に岩松良子（長浜）が常任書記となった。当初、高知市内一〇部落のうち、同盟支部が結成されていたのは長浜を含めて三部落にすぎず、この二年の間に四支部が加わり、残り三部落の組織化をめざしていた。さらに各部落の実態と要求の掘り起こしや自主財源の確立による組織強化など、多くの課題をかかえていた。

しかし、ただひとりの専従の岩松には機動力がなく、そのうえ二月末から長浜の運動に張り付いてしまったため書記局の仕事がおろそかになり、執行委員会の開催もままならない状態がつづいていた。岩松は責任の重大さと己の無力さを痛感せずにはいられなかった。そうしたなかでの大会であり、議案書の六〇年度活動報告の冒頭に「この報告書は、われわれの成果と欠陥をきびしく分析し検討する自己批判書である」と明記している。

大会では「義務教育費をタダにせよ」「失対事業のワクを拡大し、社会保障を拡充せよ」「不良住宅を一掃し、環境施設を完備せよ」「部落解放四十年の斗いを前進させよう」の四本のスローガンのもと、活動報告と運動方針案が承認されていった。活動報告では「タダにする会」を中心とする教科書無償運動の中間総括がなされ、継続的なたたかいとしていっそう幅広い国民運動として組織していくことの必要性が示された。しかし、五月七日という最終局面における運動の具体的な方向性は示されていなかった。また、一九六一年度運動方針において語られた内容も、「我々の組織はすでに今日、教科書無償配布の獲得斗争の経験をもっている。我々のささやかな要求が、すべては日本人民の人権的要求につらなり、日本国憲法の精神に一致し、広範な人々の支持を得、又、我々とともに斗う力を生みだし、勝利を獲得できる性質のものであることは、この経験が示している」という運動の意義づけにすぎなかった。

ただ、三月の解放同盟県連第六回大会と同様に、教科書無償にかかわる決議が提案されている。

義務教育課程教科書をタダにさせる決議

私たちは憲法に保障された国民の権利として、すでに久しく〝義務教育費全額国庫負担〟を要求しつづけてきました。

しかし国の政治は、人民の願いをふみにじって反対の方向に進み、その中で地方自治体の教育行財政もまた貧弱をきわめています。

今日部落の子らのおかれている教育条件はどうでしょうか。教科書や学用品が買えない、給食費が払えない、修学旅行や遠足にも行けず、そのために学力低下、長欠、不就学においやられ、将来就職や進学も万足《（ママ）》に保障されず悪循環の中に部落の子らは放置されています。こうした教育行財政の怠慢と貧困は、全く部落差別助長といわねばなりません。

去る三月十八日、高知市議会は国に対し、「義務教育課程の教科書は無償配布」を要望する意見書を決議したが、これは長浜を中心とする我々の要求運動の大きな成果といえます。

私たちは義務教育無償を強く要求するとともに、高知市に対し、当面次のことを要求します。

現在、長浜の部落大衆を先頭としておこっている教科書無償配布の要求運動はまことに正当な全人民的要求運動であり、高知市は誠意をもってこれにこたえ、長浜地区児童に教科書を無償に配布すると共に、二学期からは高知市の全児童に教科書を無償配布できるように、万全の努力をつくし、積極的かつ具体的な措置を要求いたします。

右決議する。

部落解放同盟高知市協議会
第三回定期大会
一九六一年五月七日

決議内容が単なる要求項目の域を出ないことは致し方もなかった。要求実現のためのプロセスを示せるほど、解放同盟高知市協はいまだ組織的力量を有していなかったのである。なお、「物価値上げ反対決議」も同時に提案され、決議された。

市教委、最終案を提示

五月一二日、市教委は、「全市のボーダーライン層を調査した結果、貧困家庭の多いことが分り、これまで通り国のワクだけでは、措置できないことがわかった。そのため市単独で二五〇人程度無償のワクを追加することにした」として全市的にワクを拡げ、貧困家庭の多い長浜地区についてはさらに上積みして昨年の約五倍とすることとして「二百人を準困家庭とみて無償対象とする」案を示した（『高知新聞』一九六一年五月一三日夕刊）。

この時点で長浜小、南海中合わせて約五〇〇人の子どもたちが、教科書を持たずに最後までがんばり、プリント授業を受けていた。地元ではこの五〇〇人全員に無償配布するよう要望しているので二〇〇人のワクでは不足することになり、「調査の基準があいまいである」「かりに調査がしっかりしていても買えるものと買えないものと区別するのは反対だ」「この案は受け入れることができない」といった意見が数多く出された。

しかし、翌一三日、市議会革新クラブが「教科書無償配布は本来国の施策としてすべきもので、これを地方自治体に要求することは、教育行政は勿論、その他市行政にもしわよせされる。今後市議会としては、教育費の父兄負担軽減に努力するが、長浜問題は現在の案を認め、市教委も地元民も事態収拾に努力すべきである」(『高知新聞』一九六一年五月一四日朝刊)との声明を発表したことにより、「タダにする会」は市教委案を受け入れるかどうかの最終決断を迫られることとなった。

苦渋にみちた役員会

五月一三日夜、「タダにする会」は宮本会長宅で役員会を開き、東崎市議から説明を聞きながら市教委の最終案について話し合った。すでに形勢が逆転し、時間的にも進退を選ぶ途がほかに残されていないことはだれの目にも明らかだった。

「やっぱり読みが甘かったかのう」「三月二五日の交渉に市長もよんで、市教委といっしょに交渉するべきじゃった」「向こうの力がすべての面で上じゃった。九日に市教委が隠れて、仕方なしに一〇日に市長交渉をやったが、あの晩まんまと市長に騙《だま》された。あれが向こうの陽動作戦とは気がつかざった。まっこと人が好すぎたわのう、われわれは。まっこと口惜《くや》しいのう」「けんど、このたたかいは最初から全面勝利できる性質のもんじゃなかったきねえ。やっぱり基本的には国の施策を変えさせるたたかいやきねえ。地方自治体をこればあ揺るがし、文部省まで突き上げて大きな問題提起をしたとみれば、敗北とばっかりは言えんと思う」「市教委案をのんで準困のワク拡大で収拾するがはイヤじゃけんど、それ以外に法律面で教科書代の出どころはないきねえ。それに準困のワク拡大いうても、長浜だけじゃなく全市的に拡げさせるがやき、これは成果じゃないかね」「そうよ。それにいままで憲法憲法いうて、こればあ闘うたことがほかにあったかね。今度の運動で小学一年の子から八〇歳のおじやんまで、憲法を守らないかん、憲法にこう書いちゅういうて合言葉になった。こんなことはいままでなかったことよねえ」

役員たちは、運動の経過を振り返りながら無念な思いを吐き出したり慰め合ったりしたが、結局、大衆集会で最終的に態度決定することとして、苦渋にみちた役員会を閉じるしかなかった。

こうして、翌一四日夜は南部公民館、一五日夜は南海中で、「タダにする会」最後の大衆集会がおこなわれた。『高知新聞』は五月一五日朝刊で、「市教委案はわれわれにとって満足すべきものでなく、教科書を無償にする運動はこんごも関係団体と協力して続ける。しかし現段階ではこの案で収拾、実際の教科書配分について学校と話し合ったらという意見も代表の間にあるので、さらに大衆討議にはかって最終的な態度を決めたい」との宮本談話を報じた。

市教委案、受け入れへ

南部公民館（自彊館）は、前に記したように旧長浜町立の授産所だったが、その後、公民館として幅広く使用され、地区住民の活動はすべてここを拠点におこなわれてきた。長浜支部の学習会や役員会、青年学級や婦人学級、老人たちの懇談会など大小の集まり。学習のあとは「原爆許すまじ」や「仕事のうた」「幸せのうた」「カチューシャ」などの歌声が響いた。支部が憲法学習をはじめると、地区実態調査で馴染《なじ》みのできていた村越末男が時折やってきて、主権在民や反天皇制論を熱っぽく語ることもあった。教科書無償の話は、二月はじめごろ支部学習会のあとで書記長の宮本が「なんぼ請願したち、陳情したち効果がない。憲法第二六条にはちゃんと義務教育はこれを無償とすると書いてある。今年から教科書を買うことは止めようじゃないか」と役員たちにもちかけ、武田支部長以下「よし、やろう」と即決したことにはじまる。こうして無償運動の一粒の種はここで播《ま》かれたのである。それからは連日のように話し合いや報告会をひらき、自彊館に明かりがつかない日はないほどであった。

その思い出ぶかい自彊館に、五月一四日夜、長浜支部、全日自労の活動家、南部の保護者たちが集まり、市教委案をめぐって最後の話し合いをおこなった。憲法の理念に学び要求運動に立ち上がった胸躍る初期の記憶、市教委や市長たちの破約への怒り、そして思いもかけぬ地元分裂によって味わわされた屈辱と忍耐の日々……ことば少ない陽《ひ》に灼《や》けた人びとの顔に口惜し涙が浮かび、同時に「それでもわれわれは最後までがんばったのだ。いさぎよく市教委案を受け入れよう」という覚悟の色が滲んでいた。

翌一五日は南海中で「タダにする会」全体の大衆集会がおこなわれた。報告、質疑、さまざまな声が出たが、結局、市教委案の受諾に向かわざるをえなかった。こうして両日にわたる話し合いの末、深夜一一時過ぎ、「タダにする会」は「市教委の配る教科書を受け入れる。しかし教科書の配分は原則として五百人に平等に行なう」と決め、変則授業を収束させ、六一年度の無償運動に幕を下ろすことを決定したのである。そして、涙と拍手のなか万感の思いを込めて次のような終結宣言が出された。

市教委案を受け入れる。しかしこれは、われわれのたたかいの成果であり、われわれは権利として受け取ることを確認する。そして今後もさらに義務教育無償を実現させるため新たな運動を続けていく。

この夜、南海中の別室では教育長代行の久保学校教育課長たちが待ち受けていた。集会が終わると、宮本会長、武田・林田両副会長は東崎市議とともにただちに彼らと会い、最終的な妥結のあいさつと、一七日からはじまる教科書支給についての確認を交わした。

またこのとき、宮本会長は「われわれは貧しさを理由に教科書をタダにせよと要求してきたのでない。この点からいって準貧困家庭の名目で配布されるのは反対だ。しかし現在の事態は収拾すべきだという意見が圧倒的なので平等な配分を条件に収拾することにした。平等な配分といっても端数が出るから、これは校長の判断によって貧しい家庭へ配分してもらうことにし、学校と配分方法を話し合う。こんどの闘争を正しく評価し、新しい方法でさらに無償の運動を続ける考えだ」との談話を発表した(『高知新聞』一九六一年五月一六日夕刊)。

教科書支給数(準要保護の拡大)

	1960年		1961年	
	人数	金額	人数	金額
長浜小	29人	16,564円	104人	59,800円
南海中	14人	13,017円	96人	86,400円
市内小	504人	290,000円	1153人	662,975円
市内中	208人	187,000円	717人	640,800円

教科書配布に喜ぶ子どもたち

タダの教科書をもらって喜ぶ子どもたち（1961年5月17日、長浜小で。高知新聞社提供）

『高知新聞』一九六一年五月一八日(木)朝刊第七面は、一七日に長浜小ではじまった教科書無償配布の様子を次のように伝えた。

十五日の話し合いで準貧困家庭のワクを昨年の約五倍にし、事態収拾が決まったもので、この日長浜小では、二百三十七人に配られた。一年生二十七人には国語、算数、理科、二年生以上には国語、算数、社会の三教科が配られたが、このうち三十人程度については今後、教員の家庭訪問、話し合いや調査によって全教科にわたって無償配布される。

放課後、新しい教科書を手にした子どもたちは〝あすから教科書で勉強できるぞ〟と大喜び。先生たちも教科書をめぐ《(ママ)》って、珍しそうに見入る生徒を見て一安心のようす。
なお十八日に延びた南海中では全校二百人におよそ千冊を配布するが、貧困の程度によって冊数を多くする方法をとるもよう。

教科書配布をもって、実質二カ月あまりにわたった一九六一年度の教科書無償運動は終わりを告げた。「タダにする会」にとっては、憲法第二六条の義務教育無償の理念の具現化をめざしたたたかいであったが、厚い壁に阻まれて実現することはできなかった。しかし、高知市行政として可能なギリギリの枠まで拡大させて教科書を獲得することができたことはかつてない成果であったし、何よりも長浜の運動が発火点となって教科書無償法案が国会の場で議論されることとなったという点で、結成時わずか一〇人ほどで出発した「タダにする会」の運動が果たした役割は、きわめて大きかったといえよう。

運動の総括

『るねさんす』誌上座談会

高知県教組の機関誌『るねさんす』第一五八号（一九六一年五月号、同年六月二八日発行）は「教科書無償のたたかい」を特集として組み、「タダにする会」の中心メンバーによる座談会を載せている。前の章でも触れたが、より詳しく見ておこう。座談会が開かれたのは五月八日夜、長浜小学校においてであった。出席者は武田直房（タダにする会副会長、解放同盟長浜支部支部長）、林田芳徳（タダにする会副会長、御畳瀬生活と健康を守る会）、楠瀬千鶴子（主婦、民主教育を守る会）、仲内安尾（主婦、同盟長浜支部）、坂上玉野（主婦、御畳瀬生活と健康を守る会）、岩松良子（タダにする会事務局、同盟長浜支部）、水田精喜（タダにする会事務局、南海中）、楠瀬信一（タダにする会事務局、長浜小）、熊沢昭二郎（南海中、市教組前組対部長）、小島速美（旭東小、市教組前文化部長）、小松徹（愛宕中、市教組前調査部長）の一一人で、体調を崩していた宮本儔会長と、全日自労長浜分会の本山律子、堀川依亀は出席していない。熊沢が記録係をつとめ、話の進行は主として水田があたっている。

まず運動の起こりについて、水田が正月ごろ宮本から「なんぼ言うても言うただけじゃ行政当局は熱意を示さない。教科書をくれるまでは買わんという運動にしないとだめだ」という話をきいた、それが出発点ではなかったかと切り出し、各自、時期はバラバラながら宮本の発言が起点だったことを認めた。

時代的背景については、激しかった勤評闘争と安保闘争のなかで同盟長浜支部、市教組分会、父母、民主教育を守る会、地区労などの連携が強まり、長浜独自の平和まつりや校区教研集会が実現したこと、また、前年秋ひらかれた「第六回四国四県母親と女教師の会」で教科書無償の請願運動が決議され、その署名集めにとりくんだこと、新学期から小学校の教科書が全面改訂になり、新しい教科書を全員が買わなければならなくなった状況などが出された。

教科書無償運動のふたつの側面（憲法二六条の具現化をめざす政治的要因と、貧困のなかでの無償教科書の獲得という経済的要因）がどう関係しあっているかという重要な論点では、意見の食い違いがみられる。林田や武田は、運動の初期に八割が賛同の署名をして教科書を買わなかった盛り上がりを分析し、権利意識にもとづく要求運動だとして政治的要因を強調した。それに対して、日ごろ部落大衆の貧しい暮らしに直接触れていた岩松は経済的要因を重視し、「子どもが学校へ持っていく金のことで毎朝毎朝イザコザがある家庭」や給食代その他教育出費への不満、物価値上がりなどをあげ、そうした生活苦が基盤となって政治的要求と結びついた運動であると力説した。そして、「実際上終結の中でのこっているのは同盟地区の人々が大半」だと強調した。林田が「その終末段階の力はよくわかるし、また途中の段階もそうだった。しかし最後まで残らなかったからと言って否定してしまってはならないのではないか」、現時点で五〇〇人のうち部落外の一〇〇人が残ったことも「評価し分析する必要があろう」と述べ、「基本は貧しいということ」、しかし「どこでまとまろうと、どうなろうと、憲法でこうあるべきだという明確な気持ちを統一的におさえることが何よりも肝心なことで、それでこそみんな立ち上がったし団結できたのだと思う」とまとめた。武田も「生活問題はもちろんだけれど（略）憲法に立って堂々と国民の権利としてもらうべきものをもらうという形をとりたかった」「正しさを大衆が認めたということ、最終的には脱落したが、やはりそれが正しいということについてきた事実は大事にされなければならない」と述べた。また、軍事予算と生活の関係についてて子どもたちが「ロッキード、むだ使い」と批判的な目覚めをもってきたことを評価した。話が市教委との徹夜交渉と総辞職、市長交渉以降のことになると、分析が多様になり、異口同音に自己批判めいた発言が多くなった。ホコ先を市教委のみに向けてきたが、市議会総務委員会や市長へも同時に働きかけをするべきだった、また、市長と市教委の裏での協議にたいして見通しを立てられなかった、市教委の辞任をさかいとしてマスコミ、世論が変わった、大衆運動の経験者が「タダにする会」にほとんどいない指導体制のなかで運動の戦略・戦術があまりにも稚拙だった、県教組や市教組、総評、革新政党などの全市的な共闘組織をつくれなかったこと等々。そのなかで、(長浜の運動は)「拠点斗争というけれど、本当の拠点斗争というものは、全体が斗う中におけるものなのだということを確認しなければならない」との苦い教訓も出された。

さらに行きつ戻りつしながら、成果や反省点について各自が率直な意見と思いを出し合った。日ごろから温厚な武田は「地もとの反対派に対しては紳士的に行動した」「地もとだけの抗争ということで、もっともつれていただろうが、われわれがこれを避けたことは正しかった」と同盟長浜支部支部長としての忍耐をうかがわせる言葉を述べた。楠瀬千鶴子からも「結局、切りくずされた面も出ては来たけれど、私たちは教科書を買わないことを正当なものとして胸をはってやることができた」「政府は軍備やその他いらんことに金を使いすぎている。これぐらいの要求はあたり前のことじゃないか。という気持ちは相当強くみんなが持っていたのではないか」という肯定的な発言があった。半面、各自の反省として「われわれに今少し分析力があったならば現場の教師をあれほどシンドイめにあわせなくてすんだのではなかったか」「地域での共斗組織が組めていなかったために家の中で奥さんががんばっているのに労働者である夫が先に本を買わすという形があちこちで出て来た」「実行委員会としても斗争できたえられたたくましさがなく、買いさえしなければ、という原則論だけでしかなかった気がする」「準困のワク拡大という線についても指導部で意思統一ができていなかった」「具体的に教科書を使わなならん時期はどうしても来るのだから、その時はこうだとそれに対応した形を考えて斗争を組まなければならんが、できていなかった」など多くの具体的な問題点も出された。

市教委総辞職と市長の対応についての分析では、「教育委員の首をとばしたのはものすごい成果」という見方と、「辞めさせるということはタダの会の運動目標にはなかったこと」であり、一般的に「やめさせてたまるか」という反対の線があることが出された。市長の対応では、「悪ラツなすばらしい政治的な腕前」というとらえ方と、「任命権者としての政治責任」の追及について別途に掘り下げ検討してみなければならない問題だとの提起がなされた。

父母と教師の提携については、「運動のもり上がった原因のなかには、先生に対する信頼感という要素もあったのではないか」、ひとつの例として「学校で集金をしなければならない。その時、請求書に憲法二十六条をいつもつづけて書いてきた」と水田の実践が報告された。楠瀬は、「われわれの今までの教育実践が正しかったか、欠陥がありはしなかったか」と、反対派が長浜小と南海中の一部の教師を指名して「他校へ行ってもらえ」という集まりをもった場所にかなりの父母が出席していた事実をあげ、「私たちがつるし上げられている時、信頼しているお母さん方が拍手するのを見て、自分は今までいったい何をして来たろうと胸を刺される思いだった」という痛切な心情も吐露された。

運動の分裂に利用され拡大された部落差別について。反対派に「国家こじき」という奇妙なことばで侮蔑され、「あれらは三〇〇万かもしれんが、わしらは九〇〇〇万の味方がいる」とのラジオ放送や、「エタがせん動して朝鮮の属国にしようとしている」という宣伝も一部で流されたことが報告されたが、あまりに問題が深刻で大きく、時間もなかったせいか、ほとんど議論に上っていない。

この座談会はまだ市教委の最終案が提示されていない段階でおこなわれたもので、きちんとした総括というより、生々しい反省や問題点の列挙にとどまった感がある。しかしそれだけに、運動の各局面における姿が具体的に語られていて、今後の運動のすすめ方について大きな教訓を内包する話し合いであったといえよう。

部落解放同盟高知市協の総括

高知市協の一九六一年度定期大会は五月七日に開催された。この時点ではまだ運動は収束しておらず、したがって運動についての中間総括といえるものであった。

(三) 教科書をただでくばれ

三月九日に「長浜地区小中学校教科書をタダにする会」が発足した。中心団体は、解放同盟長浜支部、南区民主教育を守る会、自由労組長浜分会、市教組長浜分会など。これは、現在空文にひとしい憲法第二十六条「義務教育はこれを無償とする」という精神にたち国民の権利獲得をめざす激しい大衆斗争であり、この運動が全市、全県、全国に投げた波紋は非常に大きい。われわれ市協も三月十日の執行委員会において全面的に支援することを決定し、書記局を中心に積極的な指導援助にあたった。しかしその指導がややもすると現地の激しいエネルギーの中に埋没し、共斗組織を市内全部落に作り斗いを巾広くひろげてゆく方向を明確に示しえなかったことは最大の欠陥であった。

この斗いは、多くの教訓のムチをわれわれに与えてくれた。斗いがいかに局地的に尖鋭化しても、それだけの力では勝利はない。

わけてもこの斗いは本質的に国の予算を根本的に組み替えさせ、政治を人民の利益の方向にたち向わせ教育を人民自らのものにする、一大政治斗争、民主々義斗争に発展する性質のものであるだけに、一層巾広い国民運動に組織されなければならない。はじめての斗いであり十分な支援も受けられぬ苦しい状況の中で実にねばり強く斗った長浜の大衆、とりわけ部落大衆のあのエネルギーを、われわれは高く評価し、上記の基本的な観点にたってそれを継続的な斗いの方向に組織しよう。すべての部落に共斗組織を確立しよう。又この斗いに結集した大衆の力をもれなく支部強化に汲み込れ《(ママ)》、同盟の独自活動を発展させよう。

高知市協は教科書無償運動を「現在空文にひとしい憲法第二十六条『義務教育はこれを無償とする』という精神にたち国民の権利獲得をめざす激しい大衆斗争」と意味づけ、書記局の総力をあげて運動に参加した。二カ月のたたかいをふまえた総括として、「現地の激しいエネルギーの中に埋没し、共斗組織を市内全部落に作り斗いを巾広くひろげてゆく方向を明確に示しえなかったこと」が「最大の欠陥」であったとした。また、「斗いがいかに局地的に尖鋭化しても、それだけの力では勝利はない」と共闘組織の重要性を説くものの、当時の高知市協のなかで長浜の運動と共闘しえるほど運動の活発な支部組織はほとんどないのが現実であった。したがって、翌年以降の運動もほとんど長浜のみの運動に終始せざるをえなかったのである。

それでも、かつてない規模とエネルギーで教科書無償運動をたたかいぬいたことは、長浜支部はもちろんのこと高知市協の組織発展へ大きく寄与することになる。

高知市教組の総括

高知市教組の総括は高知県教職員組合『教育通信』三三九号（一九六一年六月一五日）に六ページにわたってまとめられ、運動の成果と課題についてもそれぞれ列挙されている。市教組としての最終的な総括文書ではないものの、六月一日の市教組定期大会後に発表された文書であることからして、運動終了を受けての教科書無償運動の総括と考えてよいであろう。

われわれはこの運動の意義を明確にし、今後への発展をはかって、要求実現へのエネルギーを得るため五月二十四日長浜小中学校合同職場会、二十五日「タダの会」との反省会を開いて、この斗いを謙虚に反省し、総括を行ない、教訓を生かそうと考えた。この運動のもっている教訓をひきだすには、きわめて他面的《(ママ)》に客観的に検討がされなければならないのであるが、今の時点における集約を列挙して、次への礎石としたい。

一、成果と考えられるもの

(1)県市民に対し憲法第二十六条をアピールし憲法に対して考えるチャンスを与え権利意識

を高めだ（ママ）。

多くの県市民の中には、憲法はスローガン的なものであるという考え方がなかったとはいえないが、この斗いを通して行動の中から実感として憲法をとらえることが出来た。当初、長浜地区における一、五〇〇名の署名と、最後まで買わなかった五百有余名の団結と統一は、それを物語っているし、この斗争が市民・県民は勿論広く全国民に及ぼした影響は大きい。

(2)高知市教委をして教科書無償の原則の正しさを認めさせた。

(3)高知市議会をして義務教育無償の原則実現のため、早急に善処するよう政府に対し意見書を提出させ、国民運動として発展させるもとを作った。

(4)教科書のない教育実践の中で改悪教育課程、教科書に対する批判より自主編成の重要性がはっきりつかめた。

(5)教科書の無償配布要求は、政治斗争であり、国民教育行政の中に解決していかなければならないものであることがはっきりした。

そのため「軍備予算を教育予算にまわす」といった政治の内容、本質を根本的にくみかえる巾広い運動の中で、斗わなければならないもので、憲法第二十六条のみでなく、憲法第九条・第二十五条も含めた斗いをくまなければならないことが、明らかになった。

(6)敵の存在が明らかになった。

文部省内藤初等中等局長の声明、父母会の動き等を勘案した場合、民衆の動きをつぶそうとし、分裂工作を進めている政府、父母会の性格がはっきりとすると共に、この巧妙な手だてと、一連の組織的系列をはっきりつかんでいかなければならない。

なお、ここで深考しなければならないことは、敵はアメリカ帝国主義と日本独占資本ならびにそれに連らなる政府自民党であって、父母会の会員やそれにまどわされている一般大衆を敵と考えるのは誤りであり、これ等の人びとは、やがて、われわれと共に斗う友である。

(7)長浜地区のみでなく市内の他の学校にも準困のワクを拡大させることができた。

(8)権利意識を父母のみでなく、児童生徒にも持たせ、子どもの成長に役立った。

学校としては、教科書を持たずに登校する子どもたちが、卑屈感劣等感を持つのではないかと心配したが、かえって持ってくる子どもより明るく、のびのびしていて、最後までがんばったのは教師信頼の現われでもあるし権利意識を身をもって知らせることができた。

(中略)

以上が成果として要約できるが、これ等の成果を上げる中で不充分さもでてきたわけで、これを克服していかなければならない。だから成果と欠陥といった対比させた見方ではなく、さらによりよい成果を上げるために……。

この斗いを通して考えられる問題点を自己反省すると

二、自己反省

1　指導部体制の不充分

①市教組と県教組との話し合いが十分できていなかった。

②市教組としては「タダの会」の基本的な要求の正しさを認めながら「不売《ママ》運動の戦略的戦術的な在り方」について組織とも共斗体制をとることができず「タダの会」を支援する形となって、長浜小、南海中の両分会に対し十分な指導を与えることが出来なかった。

③長浜小、南海中両分会においても、無償の斗いの原則については意志統一がなされていたが、不買運動については、教育的見地（教育の混乱）より疑点を持ち意志統一がなされていなかった。

④高知市内の他の各分会において同様意志統一がなされていなかった。

2　基本的な方針について

①基本原則に立脚した斗いは、国民の権利要求として正しい斗いであり、今後も拡大されなければならないが、斗いの展望、戦術、方針が指導部として不明確ではなかったか。

（十分意志統一がされていなかった）

買わなければ勝てる買わなければ市教委が当然支給してくれる、といった甘い展望で、余りにも原則を貫き通し終結の時期を見失なったのではないだろうか。

②長浜のみの斗いで解決出来る問題ではなく、国民運動として盛り上げてこそ原則をつらぬくことができたのではないか。ここに戦術的な配慮、展望の誤りがあったのではないか。

(3)共斗体制が不充分であった。

社会、共産、総評、教組、民教、子供を守る会、解放同盟等の各組織の意志統一が不明確であり、指導方針についても明確さを欠いでい《（ママ）》たのではないか。

(4)無償の原則を貫ぬく権力斗争（政治斗争）と貧困の枠拡大（経済斗争）との戦術的な基本方針について再検討する必要がありはしないか……そこに部落一揆といった感じを一般に与えた。

(5)斗争が強力になったため、敵勢力が父母会に結びつきこれに便乗した。われわれはこの斗いの過程において、これに対処する方策がなされなかった。敵の力を過大視するのは危険性を伴うが過小視してはならない。戦術的に討議を要する問題である。

三、さらに市教委に対しては次の諸点を強く要望し反省を求める。

(1)市教委は自らの対策の誤りと見とうし（ママ）のあまさから辞任をしたのであるが、教育行政の責任者として最後まで責任ある処置をとるべきである。

(2)教育行政の指導責任者として、現場の教育が混乱し、現場教師からの再三の要請にもかかわらず現地指導に出向かなかったのは甚だ遺憾である。

(3)促進会と共斗しているが如き誤解を招く行動のあったのは残念である。

四、以上の諸点を考え今後に残される問題

1　教科書無償配布の要求を全国的な規模にまで高めるにはどう進めて行くかの問題

2　指導体制の確立の問題

3　地域反動のため、孤立化してしまった地域の活動家をどうするかの問題

4　地域反動のため、部落差別と結びつけられ部落対一般といった溝が出来たが、これをどう取り除くかの問題

5　長浜地区において最後まで買わなかった五〇〇名の父母の正しい要求をどう盛り上げるかの問題

6　この運動が教科書国定化への便乗といった心配ももたれるが、これとどう対決するかの問題

7　教科書のみでなく、ＰＴＡ会費等父母の教育費負担をなくする巾広い斗いへ発展させ

る問題

8　市民の側に立った姿勢で教育を前進させる市教委対策の問題

この外にもいろいろの問題があるであろうが、長浜における斗いの反省をまとめて経過の報告とする。

ここで一言述べておきたいのは、市教組が翌年の教科書無償運動から離脱することと関連して、すでに一九六一年度の市教組定期大会で運動方針の転換がなされたとの指摘についてである。水田は『未完成の記録』のなかで、『教育通信』の文書を市教組の総括文書として紹介し、長々と引用している。ところが、『草分けの同和教育』ではその文書は掲載されず、五月三〇日に開催された市教組総会（一九六一年度の市教組定期大会は六月一日開催）で採択された運動方針は市教委の提案をそのまま支持する内容であったと次のように記している。

四月十一日―市教委総辞職が報道されると、ただちに市教組幹部が南海中学校職場にかけつけてきました。分会への激励かと思えばそうでなく「あの市教委に辞められては困る」ということで戦術転換を示唆するオルグでした。そうするとこれに同調する空気も南海中学校の職場にもありました。昨年度の無償運動に協力した執行部のメンバー（小島速美、小松徹等）はすでに退陣させられていたのです。

だから、五月三十日に行なわれた市教組総会では、長浜の教科書闘争には冷たい批判の眼が向けられました。挨拶に立ったある革新系市議は「タダにしてくれるなら誰でももらう」というように長浜のたたかいをやゆするようなことばまで述べました。かって南海中学校にいたある組合員は「長浜の闘争はあやまりだ」と批判しました。長浜小・南海中の分会員は、ただ唇をかみしめて孤独感を味わわされていました。

しかも、この年の市教組の運動方針は昨年度末、たたかいのさ中に出した方針はいっさい抹殺され、「準困窮者のワクの拡大」という市教委の方針そのままの福祉対策の方向で決定されました。小島前文化部長、小松徹等旧執行部は必死になってたたかいましたがだめでした。あの「憲法を守るたたかい」を前面におし出した「タダにする会」の崇高な思想も無視されてしまったのである。

一九六一年度の市教組定期大会で市教委方針と同じ運動方針が採択されたと水田は述べているが、そうすると六月一五日付で発行された『教育通信』をどう考えればよいのであろうか。『未完成の記録』で述べているように、市教組の運動の総括文書は市教委に迎合する内容ではなく、「タダにする会」の運動と歩調をそろえた内容となっている。少なくとも六月前半における市教組の方針は三月の時点での方針と大きく異なってはいなかったと考えるべきであろう。したがって、考えられるのは、水田が、翌一九六二年の教科書無償運動がはじまるときに示された市教組の運動方針（次章で詳しく見るが、このときの運動方針は従来の方針を大きく転換させたものであった）と混同してしまったのだろうということである。市教組の一九六一年度定期大会の文書が残っていないので、これ以上は詳《つまび》らかにできない。

一九六二年以降の運動

これまで長浜の教科書無償運動については、大きなうねりをつくった一九六一年の運動が注目を集めてきたが、決して単年度で運動が終わりを告げたのではなかった。翌年、翌々年と規模は縮小しつつも運動は継続されていたのである。この章ではその一九六二年、一九六三年の運動について見ていくことにしたい。

一九六二年の教科書無償運動の開始

二月二五日、長浜小学校を会場として、小川太郎《おがわたろう》を講師に迎えて第二回南区教研が開催された。この会のなかで教科書無償運動の前年度のたたかいの総括と、六二年の運動のすすめ方についても討議され、「教科書をただにする運動は高知市の各小、中学校に呼びかけ強力に運動を続ける」ことを決議した。

ところが、その場で示された市教組執行部の方針は、実に意外なものであった。それは「教科書無償の原則は認めて、準困のワクを拡大する」というもので、前年の市教委方針と何ひとつ変わらないものであった。市教組の前年の総括と大きく隔たった方針の提示に対して、集会に参加していた父母からは異議が出されるが、市教組方針は変わらなかった。そのため、この年の教科書無償の運動は、市教組を抜きにして、地元中心の運動とならざるをえなかった。しかも前年の激しいたたかいのなかで生じた住民間の対立によって、強固と思われた地域共闘がくずれ、民教や「子どもを守る婦人の集まり」の人たちも退いてしまっていた。

こうして一九六二年度のたたかいは、はじめから戦線を縮小した運動であり、解放同盟長浜支部と全日自労（そのほとんどが長浜支部支部員）による運動になった、といっても言い過ぎではなかった。「御畳瀬生活と健康を守る会」の林田、坂上ら数人は、この年も歩調をあわせ、南部の自彊館まで三キロメートル以上ある夜道を通ってきて市教委交渉にも参加していた。彼らの粘り強い行動力には敬意と信頼をもったが、それは共同戦線を張るというより、大きな流れに合流する支流であり、やはり解放同盟長浜支部が責任もリードも取らなければならなかったのである。

長浜北部の学習グループで地道な読書会活動をつづけてきた塩谷や門前の主婦たちは、深い傷の後遺症を引きずっていたようだ。前年は「憲法に保障された権利」という大義の旗があり、交渉の会場がみんなの母校である長浜小学校だったから、堂々と誘いあって行けたし、市教委総辞職後の苦境にもしばらく耐えることができた。しかし「促進会」からの圧力や近隣の非難と反目、家庭内の軋轢《あつれき》などが高じるなか、最後まで「タダにする会」にとどまることは不可能だったにちがいない。結果的に憲法の理念には触れず、準困のワクで教科書予算が措置された最終段階で、主婦たちの大半は教科書を買いに行かざるをえなかったのである。ましてや、六二年度のたたかいは、最初から「これは国家コジキのすることじゃ。ハラの人間のすることじゃ」と差別をあおられた部落の公民館を会場とする運動である。孤立してまで南部へ出向き共同歩調をとる人はいなかった。

しかし、解放同盟長浜支部はくよくよしてはいられなかった。南部の人びとは、貧乏といい、差別といい、昔から全身傷だらけで生きてきたし、たたかってきた。自分たちには逃げ場はない、まわりが全部つぶされてしまっても自分たちはやるしかない、という思いは、前年の形勢逆転の時点からひそかに肚に収めていた支部役員たちの覚悟であった。六二年度のたたかいが南部だけのとりくみになることは、やむをえないことであった。

市議会での質問

一九六二年度高知市予算を審議する高知市議会第一一五定例会が二月二八日から三月一七日まで開催された。そのなかで、東崎唯夫議員は三月九日、教科書無償配布に関する市教委の対応について次のような質問をおこなった（『高知市議会ニュース』№84、一九六二年五月七日）。

東崎　昨年二月議会において、教科書無償配布についての意見書を議決したが、その後教委はこれに如何に対処して来たか。さしあたり本年入学生にはどのように処置するか。

教育長　国は教科書無償政策を打出したが、これは三十八年度からとなっており、それまでは一自治体の力で全部の児童、生徒に無償で供与することは非常に困難である。それまでは経済的に買えない者には国の認証以外にある程度市費を継ぎ足して処置するなどの外ない。

教育長の答弁は従来の見解をこえるものではなかったが、予算としては国の想定する準要保護に該当する児童生徒数五％に対して、高知市としては一九六一年度と同じ六％で予算を組み、各学校に準要保護に該当する児童生徒数の調査を命じているとのことであった。そして、現実の人数が多くなるようであれば、必要に応じて市費を投入して対応していくという方針であった。

二度にわたる教育長交渉

三月二一日、「タダにする会」は政平教育長たちを自彊館に呼んで、具体的な交渉に入った。高知市の教育委員は全員、前年七月に氏原市長によって再任されていた（ただし、高崎イチは八月で辞任し、後任に県立図書館長をつとめた川村源七《かわむらげんしち》が選出されていた）。交渉の場でのやりとりはいろいろあったが、決まり文句である「準困のワク拡大」から出ることはなかった。それは前年、「われわれはこれを権利として受け取る」と涙をのんで終結した時から予想されていたことであった。問題はその中身を実質的にどこまで支部の要求に近づけるかということにかかっていた。

前年のたたかいで、さんざん煮え湯を飲まされ、誹謗中傷も受けてきた長浜支部と南部の大衆には、失うものは何もなく、むしろ開放的な自由な気持ちだったとさえいえた。「政平さん、辞めるなら辞めると今のうちに言うちょいとぉせよ」「また隠れたりせんとってや。今度こそ約束したことは守ってくださいや」——口々に怒りと皮肉を含みながら市教委を追及していった。

政平教育長たちにも負い目はあったのだろう。誠意ある態度で臨むが、問題の要点に入ると、相変わらず「準困のワクを拡げる」ということの一点張りであった。しかし、前年度の交渉過程にあったいろいろの確約をもちだされて詰め寄られると、教育長も、市長と相談のうえ後日善処することを約し、「もう辞める言うたちいかんぜよ」という人びとのことばを後にして、その夜は何の進展もないままに終わった。

二度目の交渉は、三月三〇日、同じ自彊館でおこなわれた。しかし、やはり「準困のワクを拡げる」の一点張りであった。「準困のワクをいったいだれが決めるのか」と問いただすと、「学校の先生と、民生委員が一番よく知っているから……」と教育長は答弁。そこで、水田ら教員が「わたしたちは準困の線のギリギリのところまで決めることはできない。福祉事務所か税務署に頼んでほしい。わたしたちは本人が準困と申請したものを、そうでないという権利もなければ、そこまで調査することもできない」と反発し、出席していた民生委員も「わたしたちも学校の先生と同じだ。とてもそこまではできない」と突き返した。

これで結論は出たようなものだった。準困のワクで処理するという形は変えられない、では準困の認定はだれがするのか、民生委員か校長か、いや本人が準困だと申請したものを民生委

教科書支給人数（準要保護の拡大）

学校名		1960年	1961年	1962年
長浜小	支給人数	29人	104人	457人
	金　額	16,564円	59,800円	230,000円
南海中	支給人数	14人	96人	391人
	金　額	13,017円	86,400円	470,000円

員も校長も否定することはできないし、その権利もない、本人が準困だと申請すればそれが準困なのだから民生委員も校長もそれを認め、市教委は全員に教科書を無償配布すること。その合意をただちに教育長に文章化させ、署名捺印《なついん》をとることも忘れなかった。

この年の運動も、ひきつづき長浜小と南海中の教師や校長の隠れた協力があったことはいうまでもない。また、本山豊成ら南部の民生委員五人は運動の趣旨をよく理解し、他地区の民生委員の反発を受けながらも大きな役割を果たしてくれた。

一九六二年度の運動は、こうして大した運動の展開もないままに終わったが、教科書を無償配布された人数は、長浜小も南海中も前年の四倍を上回る成果となった。「タダにする会」の運動のなかった一九六〇年度と比べると、実に長浜小で一六倍、南海中で二八倍にも達した。

解放同盟高知市協の活動報告

解放同盟高知市協は六二年度の運動を次のように総括した。

教科書をタダにする運動

憲法で保障された国民の権利を守れ、義務教育無償、教科書をタダでくばれ、と叫んで不買運動をつらぬいた昨年の長浜の斗いは全国をゆるがした。

「義務教育無償は授業料をとらないことだ」といってこの斗いを弾圧した文部省自身が、この全国的な波の中で、ついに教科書の無償配布を認めざるをえなくなった。彼らは来る参議選へのおもわくや教科書国定化などさまぐ〵のねらいをひそめながら、三十八年度から新入児童全員に教科書をタダでくばることを約束した。

われ〳〵は請願要求にもとづく再度の交渉において、氏原市長と政平教育長に対し、地方自治体が率先して無償配布の糸口をきりひらくよう要求してきた。しかし市の回答は、困窮児童のワクを大きくひろげて支給するという線から一歩も前進しなかった。

又われ〳〵は市内に共斗組織を確立すべく努力したが、それは成功しなかった。

（中略）（六二年度は）昨年の斗いから教訓を学びつゝ運動をすゝめた。政平教育長らを部落の公民館に呼び、はげしい交渉がもたれた。昨年の斗いにおそれをなした市教委は、今年ははじめから二倍の予算を長浜にまわしたのであるが、部落の大衆はそれを不満として、調査のやりなおしを約束させ、調査に関する実質的な権利をかちとった。そして教師集団と部落の民生委員の共斗をえて、その調査を全面的に市教委にみとめさせることができた。こうして、ついに小中児童八百余名（全児童のおよそ半数）の教科書を全冊タダでくばらせる勝利をえたのである。市教委はあくまでも準困という名目において支給したのであるが、事実上、われ〳〵の斗いの前に全面的にカブトをぬいだのである。

この斗いは、当初から、昨年のように長浜全地域にわたる憲法ヨーゴの斗いとして組織されたものではなかった。憲法ヨーゴという大義名分に対して昨年、全地域の住民の八十%が賛成の署名をしたが、しかし斗いが進み、権力の弾圧と自分達の苦難、さま〴〵の障害がましてくると、大義名分をコトバの上で味わっていたものは、次々と戦列からはなれていった。すべて斗いはスローガンや大義名分をいただくことはできない。本当に自分達が弾圧と苦難にたえて斗うその具体的な行動のつみかさねこそが斗いである。従って今年の斗いがはじめから部落で組織され、解放同盟や失業者部会を中心としてすゝめられたことは、決して運動の萎縮でも敗北でもなかった。又、この斗いの性質が、部落や貧乏人だけの特殊なものだということでもなかった。もと〳〵義務教育無償（教科書無償）ということは教育の制度上、全き市民的権利の問題であって、全国民的な共通の要求である。しかしそれが権力との対決なしにはかちとれない時、つねに先頭に立って斗いをきりひらく者は、その生活において思想においてまよいや妥協のない者の集まりである。この斗いが前進し、成果が普遍的なものとなるとき、部落差別にまどわされて運動に背をむけ中傷している者も、かならず、われ〳〵の仲間入りをするであろう。現在たとえ局部的にみえていても、本来そういう性質の斗いである。（後略）

（解放同盟高知市協第四回大会の議案書より）

解放同盟の基本的認識がしめされた議案書である。長浜支部もまた市協同様に、少数被差別者のたたかいが社会から理解されず、時には非難の集中砲火をあびることになっても、そのたたかいの成果はやがて必ず他の水準を引き上げることになるだろう、一点突破とはそういうことだ、との信念に立っていた。

一九六三年の教科書無償運動の開始

『未完成の記録』をはじめ、『教科書無償——高知・長浜のたたかい』（解放出版社、一九九六年）など、そろって一九六二年の運動がとりあげられているのに、一九六三年の運動についでは一言も触れられていない。いかにも教科書無償運動は二年間で終わりを告げたかのような記述にとどまっている。ところが、実際には一九六三年も同様の運動が展開されていたのである。

その運動の様子を当時のビラと新聞記事を中心に見ていくことにしよう。

昨年度の交渉をふまえ、市教委は市内公立小、中学生のうち教科書無償配布の対象となる準困窮家庭の該当者は事前に申請書を出すよう各学校を通じて連絡してきた。そこで、南部地区の保護者約一八〇人は解放同盟長浜支部（武田直房支部長）の呼びかけで地区民集会を開き、協議した結果、「これ（申請書のこと…筆者）を提出すると義務教育は無償とするという憲法の精神に反する」として、全員が申請書を出さず、あくまで全員無償配布の原則で市教委と交渉することを申し合わせた。

昨年は、市教委との交渉によって、準困家庭の申請を出したものは全員無償配布するという約束をとりつけたので混乱はなかった。ところが、今年は準困家庭のワクに沿い該当者を選別することになったため、「正直に申請すればほとんどの家庭が適用されなくなる」ので、「あくまで憲法の原則を守る」という観点から申請書の不提出を決定したのである。

このため二月二七日、次のようなビラを配布するとともに、政平教育長に「教科書問題で話し合いたいので出向いてきてほしい」との申し入れをおこなった（『高知新聞』一九六三年二月二八日朝刊）。

すべての児童・生徒に
教科書をタダで配布せよ

みなさん、一昨年長浜の一角に起った教科書無償の運動は国会を動かし、ついに今年は小学一年生に無償配布、来年は三年生までタダで配布される予定です。おそらく私たちの斗いがなかったなら、不十分とはいえ無償の原則を認めて配布する方向は生れなかったことでしょう。私たちはあらためてこの運動の正しさと、斗うことによってのみ権利がまもれることを自覚せねばならないと思います。

今年もまた新学期が近づいてきましたが、市の教育委員会は、無償の原則にたって要求する大衆の意識をおさえるため、早手回しに学校を通じて準困調査書なるものを民生委員の許まで回し、問題を準困のかたちで処理しようとしています。しかもその内容は主として生活保護家庭のみしか対象とされないような一定の規準を設け、大半の家庭がはずされるという、まったくひどいものであります。

私たちはこのような不当で矛盾にみちた市教委の策謀に乗ぜられてはなりません。貧乏とか金持の区別なく、あくまでも憲法どおり、すべての児童生徒に無償で配布するよう、強力に要求しなければならないと思います。

「教科書をタダにする会」ではまず、準困の申請書を出さぬよう、既に出している場合

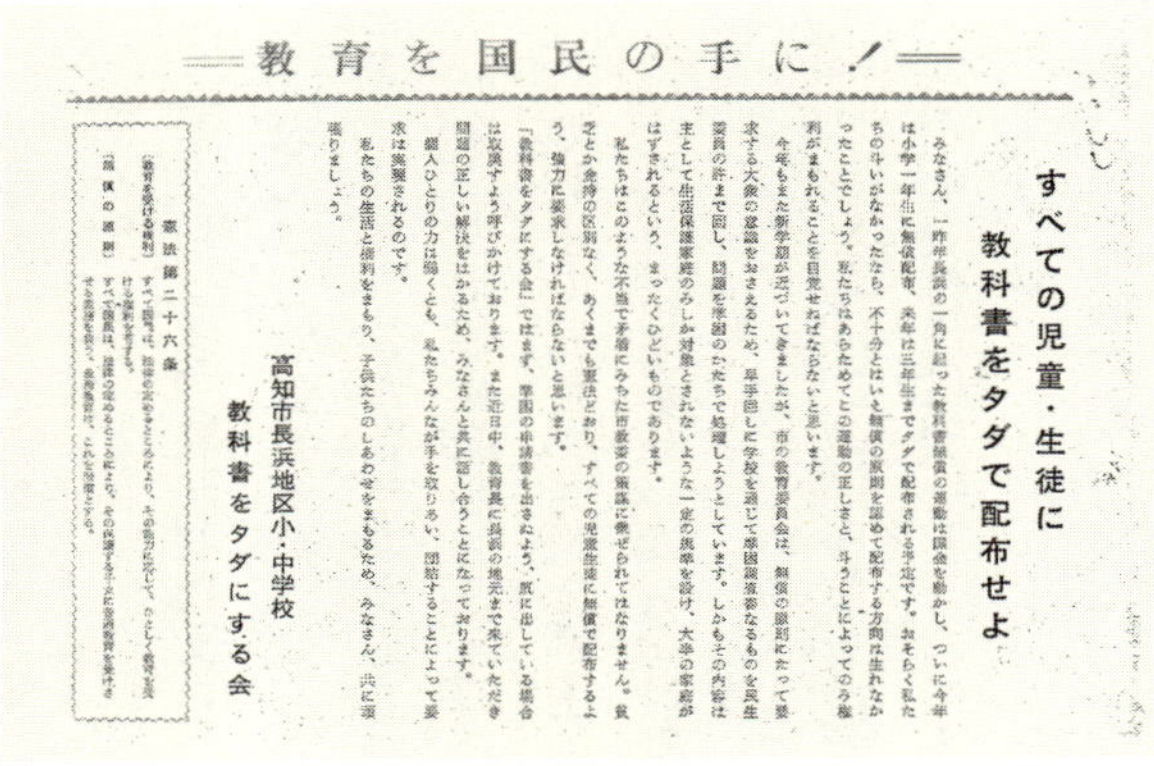

教育を国民の手に！

すべての児童・生徒に教科書をタダで配布せよ

みなさん、一昨年長浜の一角に起った教科書無償の運動は国会を動かし、ついに今年は小学一年生に無償配布、来年は三年生までタダで配布される予定です。おそらく私たちの斗いがなかったなら、不十分とはいえ無償の原則を認めて配布する方向は生れなかったことでしょう。私たちはあらためてこの運動の正しさと、斗うことによってのみ権利がまもれることを自覚せねばならないと思います。

今年もまた新学期が近づいてきましたが、市の教育委員会は、無償の原則にたって要求する大衆の意識をおさえるため、早手回しに学校を通じて準困窮家家なるものを民生委員の許まで回し、問題を準困のかたちで処理しようとしています。しかもその内容は主として生活保護家庭のみしか対象とされないような一定の規準を設け、大半の家庭がはずされるという、まったくひどいものであります。

私たちはこのような不当で矛盾にみちた市教委の策謀に乗ぜられてはなりません。貧乏とか金持の区別なく、あくまでも憲法どおり、すべての児童生徒に無償で配布するよう、強力に要求しなければならないと思います。

「教科書をタダにする会」ではまず、準困の申請書を出さぬよう、既に出している場合は取戻すよう呼びかけております。また近日中、教育長に長浜の地元まで来ていただき問題の正しい解決をはかるため、みなさんと共に話し合うことになっております。

個人ひとりの力は弱くとも、私たちみんなが手を取りあい、団結することによって要求は実現されるのです。

私たちの生活と権利をまもり、子供たちのしあわせをまもるため、みなさん、共に頑張りましょう。

高知市長浜地区小・中学校
教科書をタダにする会

憲法第二十六条
〔教育を受ける権利〕すべて国民は、法律の定めるところにより、その能力に応じて、ひとしく教育を受ける権利を有する。
〔無償の原則〕すべて国民は、法律の定めるところにより、その保護する子女に普通教育を受けさせる義務を負う。義務教育は、これを無償とする。

（永吉玉子氏提供）

は取戻すよう呼びかけております。また近日中、教育長に長浜の地元まで来ていただき問題の正しい解決をはかるため、みなさんと共に話し合うことになっております。

個人ひとりの力は弱くとも、私たちみんなが手を取りあい、団結することによって要求は実現されるのです。私たちの生活と権利をまもり、子供たちのしあわせをまもるため、みなさん、共に頑張りましょう。

高知市長浜地区小・中学校
教科書をタダにする会

憲法第二十六条
〔教育を受ける権利〕すべて国民は、法律の定めるところにより、その能力に応じて、ひとしく教育を受ける権利を有する。
〔無償の原則〕すべて国民は、法律の定めるところにより、その保護する子女に普通教育を受けさせる義務を負う。義務教育は、これを無償とする。

これに対して、政平教育長は、「ことしから実施する準困窮家庭の月額認定基準が問題になっているようだが、これは県外の調査結果と高知市の実情を考え合わせて算定したもので、無理な額とは思わない。認定基準はあくまで基準であって、病人のいるところや、高い家賃を払っている家庭については、かなりの弾力性を持たす方針だ。準困窮家庭への就学奨励金は国と高知市が半額ずつ、負担する仕組みになっているが、正当な理由のあるものには純市費をつぎこんでも対象者のワク内に入れるつもりである。民生委員の協力をえて、円満に解決できると考えている」(『高知新聞』一九六三年三月一日朝刊)という態度であった。

教育長交渉

三月九日夜、市教委との交渉がもたれた。「タダにする会」からは

①ことしは準困窮家庭のワクにそって無償配布の該当者を選ぶ方法がとられることになったが、これでは南部地区民生委員が準困と認めても長浜民生委員会や教育長が認めなければ、無償配布の対象にならない。

②憲法の原則を守るたて前から全員無償配布せよ。

との要求が出された。交渉は難航したが、最終的に、政平教育長が「憲法の原則は認めるが、財政の苦しい一地方自治体だけで全員無償にすることは困難だ。しかし準困窮家庭の申請書は、地元の事情にくわしい南部地区民生委員の認めたものを優先する」と答えたため、「タダにする会」はこれを了承して、昨年度同様の結論で解決が図られた（『高知新聞』一九六三年三月一一日朝刊）。

なお、この六三年度の運動について岩松の記憶が欠落しメモも残していないのは、前年の運動のあと結婚し、出産・育児のため運動に直接タッチしていなかったせいであろう。

長浜隣保館の開設

一九六三年一月、高知市立長浜隣保館（現長浜市民会館、鉄筋コンクリート建、二階）が新築、開設された。長年、南部公民館としてムラの発展に寄与してきた自彊館は老朽化によって惜しまれつつその歴史を閉じた。したがって六三年以降のさまざまの運動はすべてこの隣保館でおこなわれるようになったのである。

隣保館職員には、解放同盟長浜支部と東崎唯夫市議の推挙によって、宮本儔（館長）と前田安尾が任命された。宮本は、六一年の教科書無償運動が終息したあと、ただちに入院して持病だった胸部疾患の手術を受け、二年近い療養をへて日常生活に復帰していた。宮本と前田は、住民の生活相談など要求を掘りおこす活動に積極的にとりくみ、前田は女性の信頼を集めて、「ムラの生き字引」と呼ばれるようになった。

また、この年の六月ごろ新たに開設された夜の青年学級では、岩松と結婚して長浜に居を移した村越末男が講師となって、毎週一回、部落問題、憲法、時事問題など精力的な学習活動を開始した。この学習会には子ども連れの夫婦や熱心な青年活動家が参加し、将来のリーダーとなっていったのである。

教科書無償制度の実現

これまで長浜における教科書無償運動について、当事者の回顧と資料・文献、新聞報道などによってその全容を追ってきたが、最後に、現在につながる教科書無償制度がどのようにして形づくられていったかを見ておきたい。教科書無償制度成立過程に関する代表的研究としては、長田三男「義務教育教科書無償制度確立の経緯」（『流通経済論集』第七巻第三号、一九七二年）と石田雅春「教科書無償化実現の政治過程に関する一考察」（『史学研究』二三八号、二〇〇二年）をあげることができる。よって、この二本の論文と新聞の報道などを参考にしつつ、制度成立の過程を順に追っていくことにしよう。

教科書無償制度構想

政府・自民党が教科書無償実現に向けてのりだすのは一九六一年七月以降であった。『高知新聞』は六一年七月二二日(土)朝刊第一面に荒木万寿夫文相の談話を次のように報じている。

四国地区市町村教育長研修協議会出席のため、二十日夕刻松山入りした荒木文相は二十一日午前九時から愛媛県知事室で記者会見を行ない当面の教育問題について次のように語った。

［教科書無償問題］ 検討したらどうかといっているが、まだ結論を出したわけではない。抽象論としてはだれも無償は異論のないところだが、財政規模とてらし合わさねばならず、もっと検討しなければ現実性のあることはいえない。

［教科書検定問題］（検定が強化され、中央集権化されつつあるといわれるが、との質問に対して）いままでとかく検定がルーズだった。教科書の選定は本来は政府が国民に責任をもつもので、検定制度を通して日本一のよい教科書を提供するのが目的である。理想的にいえば教科書は国定でよいといえるだろう。

『高知新聞』は、この荒木談話が「世間に『唐突』の印象を与えただけでなく、その意図が国定教科書制定への政治的発言ではないかという『不審』を感じさせた」（『高知新聞』一九六一年一一月一七日(金)朝刊第一面)、「まさに〝飛び出した〟というにふさわしいほど、世間は教科書無償案に驚きの目を見はった」(『高知新聞』一九六二年二月一六日(金)朝刊第一面)と指摘した。そしてその後も、社説や「小社会」、特別記事などで何度か長浜の運動に触れながら、熱心に教科書無償問題を追い、無償制度の実現に向けた論陣を張っていく。

ところで、荒木文相が文部省は国公私立を問わず、全国の義務教育諸学校の児童、生徒に教科書を無償で配布する準備をすすめていると言明したにもかかわらず、八月二九日の一九六二年度予算の概算要求に教科書無償にかかる費用が盛り込まれなかったことからすると、八月末の時点において、少なくとも文部省内で組織的に対応できる段階にはいたっていなかったということになる。

教科書無償の実施を求める意見は自民党内、とくに政務調査会内の文教調査会や文教部会において次第に高まっていき、一一月七日の自民党総務会では翌一九六二年度から教科書無償配布を実施することを党の政策とすることが決まった。このころ、社会党も教科書無償配布の実現を政府・与党に要望し、あわせて教科書国定化につながらないようにとの要請もおこなった。ところが、教科書無償に反対の立場をとる大蔵省は、財政上の理由からその実現は不可能に近いとして、文部省に対して、教科書会社への行政指導の強化と教科書検定、採択の再検討を申し入れた。また、池田勇人《いけだはやと》首相は、所得倍増計画からもれた貧困家庭対象ならともかく富裕家庭も含めた無償配布は社会保障の趣旨にそぐわないことなどを理由に反対の態度を荒木文相に伝えたため、一時的に教科書無償配布は暗礁に乗り上げた恰好《かっこう》になってしまった。

巻き返しを図る荒木文相や長谷川《はせがわ》峻《たかし》政務次官は党内の多数派工作をおこない、一二月一九日の自民党総務会で教科書無償配布を六二年度から実施するとの方針を確認し、大蔵省との交渉に臨んでいった。しかし、大蔵省は財源上からも無償に応じられないとの強い態度を示し、結論は池田首相の判断に委ねられることになった。そして一二月二九日、池田首相と関係大臣、自民党首脳の間で協議がおこなわれ、最終的に

1　教科書無償配布の原則を確立する。

2　無償配布は三八（一九六三）年四月の小学校新入生から実施することとし、このための経費約七億円を三七（一九六二）年度予算に計上する。

3　政府に調査会を設置して将来の実施計画を検討することとし、その設置費を計上する。

ということが決定し、一年遅れとはなったが、教科書無償の開始が正式に決定したのである。

教科書無償法の成立

文部省はこの決定を受けて、無償法案の作成を急ぎ、六二年二月三日、大蔵省との意見調整を終え、法案の骨子を発表した。この法案の正式名称は「臨時義務教育教科書無償制度調査会法案」であり、ズバリ調査会の設置法案といえるものであった。したがって、教科書無償の原則を明確に打ち出したものではなかったので、翌年に参議院選挙を控える党内からは異論が続出した。そのため、政務調査会審議会や総務会での度重なる審議と法案の修正を経て、二月二〇日、政府は閣議を開いて「義務教育諸学校の教科用図書の無償に関する法律案」(「無償法案」)を正式に決定し、二三日に衆議院に提出した。

政府はこの無償法案の提案理由として、「日本国憲法第二十六条に掲げる義務教育無償の理想に向かって具体的に一歩を進めようとするもの」(荒木文相)、「今回憲法第二十六条の義務教育を無償にするというこの理想の実現に向かって邁進《まいしん》し、ここに教科書の無償配布という大方針を決定いたした」(池田首相)というように、義務教育無償の理想の実現に向けたとりくみであることを強調したが、その一方で、世の親に共通する願いは「教育を通じて、わが子が健全に成長し、祖国の繁栄と人類の福祉に貢献してくれるようになること」であり、その親の願いにこたえるところに、「義務教育諸学校の教科書を無償とする意義がある」とした。そのため、社会党はこの法案に対して、教育基本法を改正して、愛国心の養成による国防力の増強につなげる企図があること、また一九五一年以来実施された政府の教科書無償の措置が憲法第二六条の精神に徹していないにもかかわらず、過去の失敗を反省することなく調査会設置法案というかたちで今回提案されたこと、さらに憲法の無償の解釈について深く検討して、総合的義務教育無償を実施すべきであることなどを理由に政府提出の「無償法案」に反対の態度を表明し、あわせて六二年四月からの教科書無償の全面実施などを掲げた対案（「義務教育諸学校の児童及び生徒に対する教科書の給与に関する法律案」）を国会に提出した。

国会では社会党をはじめ、民社党や共産党の反対もあったが、自民党などの多数の賛成によって、政府提出の無償法案は年度末の三月三一日に参議院本会議で可決、成立した。成立した無償法はわずか二条で、教科書無償の宣言と調査会の設置のみという、きわめてシンプルな法律であった。

義務教育諸学校の教科用図書の無償に関する法律

（趣旨）
第一条　義務教育諸学校の教科用図書は、無償とする。

2　前項に規定する措置に関し必要な事項は、別に法律で定める。

（調査会）

第二条　前条第一項に規定する義務教育諸学校（学校教育法（昭和二十二年法律第二十六号）に規定する小学校、中学校並びに盲学校、聾学校及び養護学校の小学部及び中学部をいう。以下同じ。）の教科用図書を無償とする措置につき調査審議するため、文部省に、臨時義務教育教科用図書無償制度調査会（以下「調査会」という。）を置く。

2　調査会は、文部大臣の諮問に応じて義務教育諸学校において使用する教科用図書を無償とする措置に関する重要事項を調査審議し、及びこれに関し必要と認める事項を文部大臣に建議する。

3　調査会は、委員二十人以内で組織し、委員は、学識経験のある者及び関係行政機関の職員のうちから、文部大臣が任命する。

4　調査会は、第二項の規定により文部大臣から諮問のあつた事項のうち昭和三十七年度の予算の執行及び昭和三十八年度の予算の作成に関係のある部分については、その調査審議した結果を昭和三十七年十一月三十日までに文部大臣に答申しなければならない。

5　この法律に定めるもののほか、調査会に関し必要な事項は、政令で定める。

附　則

1　この法律は、昭和三十七年四月一日から施行する。
2　第一条第一項に規定する措置で昭和三十七年度の予算の執行に係るものを実施するため必要な事項については、同条第二項の規定にかかわらず、政令の定めるところによることができる。
3　文部省設置法（昭和二十四年法律第百四十六号）の一部を次のように改正する。（以下、一部省略……筆者）
4　第二条の規定は、昭和三十八年三月三十一日限り、その効力を失う。

無償措置の具体化については調査会の答申待ちになってしまったため、六三年度の小学校新入生への教科書無償配布については、附則第二項の規定にもとづき、別途政令（「昭和三十八年度に入学する児童に係る教科用図書の無償措置に関する政令」一九六三年三月五日）で定められた。

教科書無償調査会の答申

無償法の成立を受けて、臨時義務教育教科用図書無償制度調査会が設置され、四月二六日、文部大臣からの諮問を受けて審議が開始された。当初委嘱された委員は教育界六人、実業界一

○人（教科書会社関係者も含む）、事務次官三人の一九人であった。荒木文相からの諮問事項は「無償措置の範囲」「教科書を給付するか、貸与するか」「費用を国で全額負担するか、国と地方とで分担するか」「無償とする教科書の体裁」「教科書の採択制度」「教科書発行企業および供給機構のあり方、教科書の価格」「無償措置実施の段取り」の七項目であった。以後、調査会は総会を八回開いて慎重な審議を重ね、さらに答申起草のための小委員会を四回開いて答申の骨子をまとめていった。調査会では、私立学校を含むのかどうかや全額国が負担するのかどうかなどについて、文部省側と大蔵省側で意見が対立し、それはそのまま答申内容に影響を及ぼすこととなった。

一一月一四日に開かれた第一〇回総会で荒木文相に調査会の答申が手渡された。答申には、無償の範囲については義務教育段階のすべての児童・生徒とし、選択教科も含めた全教科を対象とすること、教科書は貸与でなく給与とすること、費用は国が全額負担すること、教科書の採択については広域の採択方式をとること、教科書会社については認可制にすること、六三年度から数カ年のうちに全児童・生徒への無償給与を実現することなどが盛り込まれた。このように答申は文部省側の意見を反映したものとなったが、広域採択制度や教科書会社の認可制など大蔵省側の意見も一部採りいれられた。また、答申には「付記」として、わが子を私立学校に入学させているのは保護者の選択によるものであるから私立学校は無償の対象にふさわしくないということと、経費についても他の義務教育関連の経費と同様に国と地方公共団体とがともに負担すべきであるとの意見が盛り込まれ、文部省と大蔵省との間の意見の隔たりがここにも残されていた。

教科書無償措置法の成立

調査会の答申を受けて、スムーズに具体的な無償措置についての法案が準備されるかといえば、そうはならなかった。大蔵省側は支出が増加するという財政上の理由をあげて、私立学校を対象からはずすことと、教職員の給与などは国と地方公共団体とがそれぞれ半額負担しているのだから教科書も同様に国の負担は半額にすべきことを強く主張した。そのため、六三年度予算の大蔵原案は教科書無償費用として六億八〇〇〇万円が計上されたものの、これは私立学校を除外し、六四年度の支給対象学年を小学校の一・二年生までにとどめるというものであった。

結局、文部省と大蔵省の意見は対立したまま調整がつかず、前年同様、自民党三役と田中角《たなかかく》栄《えい》蔵相などが集まって政治決着が図られることとなった。最終的には文部省側の主張がとおり、私立学校も対象に含め、費用は全額国の負担とすること、六四年度は小学校一〜三年生に無償を実施することが決定したのである。

この予算案についての最終合意を受けて、文部省は無償の実施に必要な法案の具体的な作成に入り、新年早々に「義務教育諸学校教科書無償給与法案」の構想を明らかにした。そして、大蔵省との意見調整を図ったうえで、自民党の政務調査会審議会に修正案である「義務教育諸学校の教科用図書の無償措置に関する法律案」（「無償措置法案」）を提出し、了承を求めた。ここでさらに一部修正（「四十年度以降の経費負担区分については、さらに検討する」という原案付則の検討条項を削除し、教科書会社の「認可制」を「指定制」に変更することなど）したうえで二月一九日の閣議決定の運びとなった。閣議決定された「無償措置法案」は三月八日に衆議院に提出され、一三日から文教委員会で審議がすすめられていくが、法案成立にいたるまでにはかなりの時間を要することとなる。

この「無償措置法案」に対して、日教組、社会党は立法の趣旨には賛成しながらも、教科書国定化だきあわせの教科書国家統制法案として法案の成立を阻止する行動を国会内外で展開していく。とりわけ、教科書国定化につながるとして、広域採択制の強化に反対するとともに、教科書会社の文部省指定制の削除を強く要求したのである。マスコミも日教組、社会党の見解に同調する見解を掲載した（たとえば、『毎日新聞』一九六三年二月一七日の「社説」）。『高知新聞』（一九六三年二月二三日）も「社説　名実ともなう教科書無償を」で、教科書無償が実現することに対して「わが国の教育史上に一期を画する」と高く評価しつつ、「一、二の希望を述べておきたい」と政府に対する要望を記している。それは実施時期にかかわって、教科書無償をすべての小中学生に一斉に実施するのは財政的に困難であろうとしたうえで、それでも今後のことについて「検討する」というのでは「肝心の計画が中途はんぱ」になってしまう恐れがある。したがって、まず国と地方の費用負担の問題をはっきりさせ、さらに無償給与の対象も「政令にまかせたり、私学を含めるかどうかの問題を今後に持ち越したりする」のではなく、「一律に義務教育の児童、生徒を対象とするよう明文化しておいた方がよい」とした。さらに教科書が今後広域採択となることに関して、「転校などの際の不便」が少なくなることや「教科書のコスト引き下げ」にかなりの効果が期待できるというメリットがあげられるが、「『市町村教委の自由的採択』という原則をも無用視するもの」となっては問題だと指摘した。そして、あくまでも今回の「『教科書無償』は教科書の内容や採択とはもともと無関係であることを、この際はっきりさせておくことが肝要である」と、政府・自民党の思惑に対して批判的見解を表明したのである。

政府も将来的な見通しのないことに対する不安を取り除くため、池田首相自らが三月一三日の参議院本会議で「今三十八年度で一年、二年、三年までいきまして、あと三十九年度で二学年、四十年度で小学校の全部と中学の一年、四十一年で中学二、三年、おそくとも四十一年度までには義務教育の教科書を全部出したいという考えでおる」と述べ、教科書無償についての今後の年次計画を公式に示した。

「無償措置法案」をめぐって、社会党は、教科書採択にあたって学校が採択することや教科書出版会社の指定制と検査権の削除、教科書無償の一九六六年度の完全実施の明記などを含む修正案を提出するが、少数で否決され、政府原案どおりで六月一〇日衆議院文教委員会、一一日衆議院本会議で自民党など多数の賛成で可決された。ところが、その国会では「職業安定法及び緊急失業対策法の一部改正案」をめぐって、与野党の対立が激化し、国会は混乱状態に陥ってしまったため、「無償措置法案」は審議未了で廃案となってしまった。次の臨時国会でも審議されなかったため、六三年度予算に計上された教科書無償予算二七億円の執行に支障を来す事態となってしまった。そこで、自民党の文教関係議員が中心となって、自社両党間での非公式の交渉がもたれることとなった。

その結果、六三年一二月一三日、両党の間で妥協が成立し、「無償措置法案」は一部修正のうえで同日の衆議院文教委員会、翌一四日衆議院本会議、一八日の参議院本会議で可決され、二一日公布、施行された。この間、七月一七日をもって文部大臣は灘尾《なだお》弘吉《ひろきち》に代わっていた。

修正された個所は三カ所で、修正案を提案した長谷川峻は「第一点は、政府原案によりますと、義務教育諸学校の教科用図書は、都道府県の教育委員会があらかじめ選定する数種のうちから採択するたてまえになっておりますが、市町村教育委員会及び国立、私立の義務教育学校の校長など、教科用図書を採択する者の自主性を尊重して、都道府県教育委員会の任務は、採択に関する事務について指導助言または援助を行なうことにいたしました。なお、この際、都道府県教育委員会は慎重を期し、かつ広く意見を反映せしめるため、あらかじめ教科用図書選定審議会の意見を聞いてから、指導、助言または援助を行なうこととといたしました。第二点は、採択地区の設定に関し、その単位は、政府原案においては『市若しくは郡の区域又はこれらの区域をあわせた地域（県の区域となる場合を含む。）』となっておりますが、規定の趣旨を明確にするため、カッコ内の部分を削除いたしました。第三点は、発行者の指定に関し、政府原案においては、文部大臣は発行者が指定の基準に適合しているかどうかを調査するため、必要あるときは、その職員に発行者の営業所等に立ち入り検査をさせることができることにしておりますが、発行者が指定の基準に適合しているかどうかの確認は、必要な報告書もしくは資料の提出をもって十分行ない得るものと考えられますので、立ち入り検査に関する部分を削除いたしました」と修正した理由を説明している。

最初に掲げた石田論文はこの修正に関して、「このように社会党は、国会審議での駆け引きを通じて、法案に自分達の意志を反映させたのであった。そして日教組は、社会党を通じて間接的に意思を反映させたのであった」と社会党を通じた日教組の戦術を高く評価するとともに、

「無償措置法は、文部省や自民党の意思がそのまま反映された法律ではなく、日教組の意思を織り込み、規制を弱めた形で成立・執行された法律だったのである」と結論づけている。

教科書無償制度の実現

ともかくも「無償措置法」の成立を受けて、六三年度からスタートしていた教科書の無償給与が文字どおり制度として実現したこととなる。

一九六三年度は小学校一年生のみであったが、六四年度に小学校一年生から三年生まで、六五年度は小学校一年生から五年生まで、六六年度は小学校一年生から六年生まで、六七年度から中学校一年生までが対象となり、六八年度は中学校二年生まで、そして六九年度に小学校一年生から中学校三年生まで、義務教育諸学校のすべての児童・生徒に教科書の無償給与が実現したのである。池田首相の、六六年度には教科書無償の完全実施を実現するという国会での答弁からは三年遅れるものの、ここにおいて、現在に連なる教科書無償制度が完成したのであった（なお、六四年一一月、池田首相病気のため池田内閣は総辞職し、佐藤栄作《さとうえいさく》内閣に引き継がれた。池田は翌六五年八月一三日、永眠した）。

その後、毎年のように財務当局からの圧力はあったが、現在もひきつづき教科書無償が完全実施されていることは、憲法第二六条の「義務教育は、これを無償とする」という理念の実現という観点から重要な意味をもっているといえよう。憲法解釈はともかく、政府・自民党が「日本国憲法第二十六条に掲げる義務教育無償の理想に向かって具体的に一歩を進めようとするもの」として、教科書無償制度の実現をはかったことを忘れてはならない。参議院選挙対策であったことは事実にせよ、憲法の理念の実現をうたったことの意義はきわめて大きい。

では、なぜ政府・自民党は憲法の理念の実現という位置づけで教科書無償制度の実現をはかったのかという点においては、最初にあげた長田論文や石田論文は明確に答えていない。せいぜい自民党のなかの文教族議員の積極性にその理由を見いだすくらいである。

一九六一年七月の時点で、時の荒木文部大臣が唐突に教科書無償を言明した背景に何があったのかといえば、やはり長浜における教科書無償運動のインパクトの大きさということになるのではないだろうか。少なくとも、長浜の教科書無償運動とその全国的影響について一定の情報を入手した段階で、文部省として何もしないという選択肢はありえなかったといえよう。

このことは、少しのちの一九六二年二月二八日、衆議院社会労働委員会で社会党の田中織之進が教科書無償配布に関連して「御承知のように、昨年高知市の部落解放同盟が中心になりまして、高知市で、部落関係等について市で心配するというようなことが、直接的にやはり政府・与党を動かすようなきっかけになったことは事実だと思うのです」と述べていることからも間違いないことと思われる。

おわりに

昨年五月までの一年半にわたり、雑誌『部落解放』に吉田・村越の共同執筆「回顧　教科書無償運動」が連載された。資料・文献などの探索、検討、整理の大半は吉田さんの労に負うもので（探索は連載終了後もつづけられ、新たな資料が発見された）、私は当事者としての回想の記述にあたった。教科書無償実現のため憲法第二六条を掲げて共にたたかった長浜の人びと、わけても部落の仲間たちの切実な願いと姿をできるかぎり具体的に書き残すこと、それは私に課された最後の責任であり、またとない大切な機会であった。非力な私にとって骨の折れる仕事だったけれど、執筆中、なつかしいあの顔この顔、あの場面この場面、勢ぞろいした白いエプロン姿などが彷彿《ほうふつ》として、何度胸を熱くしたことだったろう。

研究者である吉田さんのスタンスは「資料的裏付け」に厳格で、当事者の回想や証言を尊重しながらも、その観点から冷静にチェックされていた気がする。たしかに人間の記憶は完璧《かんぺき》なものではなく、明瞭な部分とおぼろな部分、欠如した部分、思い込みなどが混在し、長い歳月のなかで変化したり消滅したりしていくのであろう。だから私自身、予期せぬ記録とビラが発見されたときなど、跳び上がるほどの喜びを覚えたけれど、同時に自分が書いたものさえ忘れてしまう記憶力の脆《もろ》さにショックをうけ、考え込まざるをえなかった。そして新しい資料を頼りに、半世紀をこえる闇の奥から記憶をよみがえらせ、これまでのものとつなぎ合わせたり、間違いを修正したりしたことも一再ならずあった。

また、連載最終回の「おわりに」では、冗漫な個人的感懐を綴《つづ》ったためかどっと疲労困憊《こんぱい》し、回復できない状態が長くつづいた。そのせいで単行本化が大幅に遅れ、解放出版社に迷惑をかけてしまった。その反省に立ち、本稿では連載で触れられなかったことを簡単に述べるにとどめたい。

長浜の教科書無償運動は、全国的に影響を及ぼし無償制度成立の呼び水となった一九六一年の運動から六三年まで、三年間つづけられた。しかし初年度の長期化した激しいたたかいのなかで地域共闘がくずれ、六二年は「御畳瀬生活と健康を守る会」から数人の参加があったものの、一貫して解放同盟長浜支部の運動として取り組まれたといえよう。本文「一九六二年以降の運動」に詳しいが、私がとくに注目したのは、解放同盟高知市協第四回定期大会議案書のなかの「六二年度の活動報告」である（二二一頁参照）。これまで、第三回定期大会での総括文はしばしば引用されてきた。それに対して、この六二年度の報告書がだれにもどの著作にも取り上げられてこなかったことは不思議である。この報告は、前年の運動の経緯を簡潔に分析し、教科書無償運動のもつ本質的な性格と意義を的確かつ痛烈な文章で総括している。やむなく運動から離れていった人たちに対し厳しすぎる断定もあるが、激しいたたかいに立つ高知市協の決然たる意志表明として私は感銘を覚えた。そして長年見過ごしてきた不明を恥じずにはいられなかった。（この市協第四回定期大会の議案書も、無償運動がないとされてきた六二年の運動の委細も、吉田さんの飽くなき資料発掘のおかげで日の目を見ることができたのである。）

さて、六三年の運動は、無償法が前年に成立していたので、最初から同盟長浜支部単独で準困窮家庭申請書を拒否する運動となった。それでも「長浜地区小・中学校教科書をタダにする会」の看板ははずさず、憲法第二六条を記した呼びかけビラを地区住民に配り、「憲法を守るたて前から全員無償配布せよ」と要求して三月九日、長浜隣保館で教育長交渉をおこなった。そして結果的に前年同様の成果を得ることができたのだった。（ちなみに、長浜の教科書無償運動が長い幕を下ろしたこの夜の交渉は、政平教育長にとっても最後の仕事納めとなった。この日をもって職務を解かれ、翌日、第四次氏原市政の助役に就任したからである。教育長としての最後の時間を長浜南部の住民と向き合ったことは、政平さんにどんな感慨をもたらしたのであろうか。）

氏原市政について付言しておくと、初年度のたたかいで煮え湯を飲まされた氏原市長ではあったが、四期目の選挙（六三年二月八日）でも、革新市政を守るために解放同盟は他の民主団体と力を合わせて応援し勝利させた。第一期から公用車を廃し電車通勤をはじめた庶民派市長として、その老獪《ろうかい》な政治手腕もふくめて氏原市長の評価は高く、やはり高知市民に愛されていたのだ。そして森田治作助役が健康上の理由で辞任した後、氏原市政は二人助役制をしき、そのひとりに政平教育長を抜擢《ばってき》したのである。

　こうして三年に及ぶ長浜の教科書無償運動は終焉《しゅうえん》した。一九六三年から六九年にかけて義務教育すべての教科書無償配布が実現し、教科書無償制度は現在にいたっている。

＊　＊　＊　＊

　長浜の激しかったたたかいも昔話になり、教科書無償制度確立の経緯について知る人はごく少数ですが、憲法施行七〇年の今年、このように資料や文献を再検討し集成して刊行する機会を与えられましたことは、私どもにとって大きな喜びとするところです。

　連載から出版にかけて、資料・写真などの提供、聞き取り、率直なご意見やアドバイスなど、多くの方々と団体のご支援を賜りました。また、解放出版社の小橋一司さんにも何かとご苦労をおかけしお世話になりました。執筆者ふたり、心から御礼申しあげます。本当にありがとうございました。

村越良子

資料

岩松良子「会議録」（1961年3月7日〜3月17日）

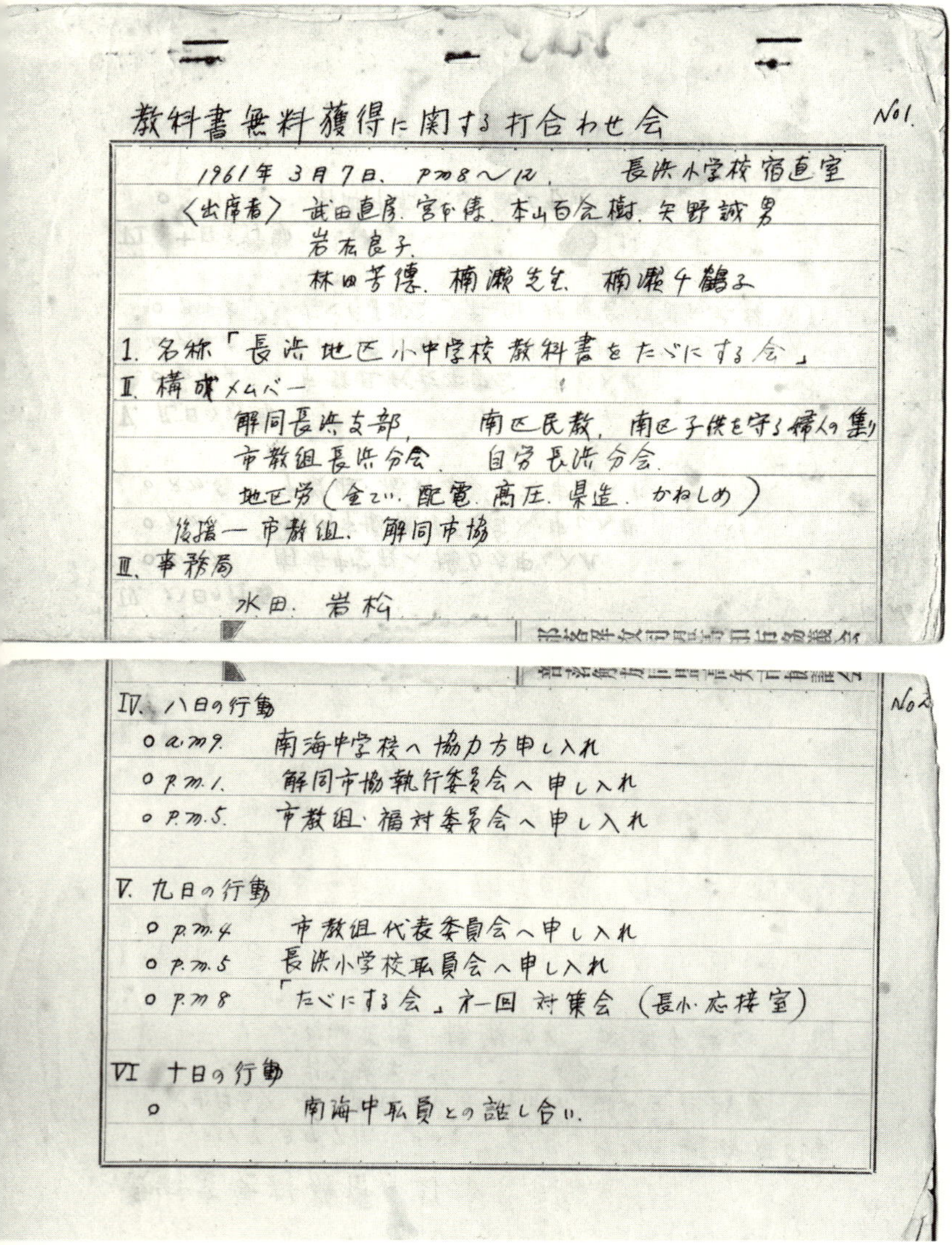

教科書無料獲得に関する打合わせ会　No1.

1961年3月7日、PM8〜12、　長浜小学校宿直室

〈出席者〉武田直彦、宮下清、本山百合樹、矢野誠男

岩松良子、

林田芳傳、楠瀬先生、楠瀬千鶴子

1. 名称「長浜地区小中学校教科書をただにする会」

Ⅱ. 構成メムバー

解同長浜支部、　南区民教、南区子供を守る婦人の集り

市教組長浜分会、　自労長浜分会

地区労（全てい、配電、高圧、県造、かねしめ）

後援ー市教組、解同市協

Ⅲ、事務局

水田、岩松

No2

Ⅳ、八日の行動

○a.m.9.　南海中学校へ協力方申し入れ

○p.m.1.　解同市協執行委員会へ申し入れ

○p.m.5.　市教組・福対委員会へ申し入れ

Ⅴ. 九日の行動

○p.m.4　市教組代表委員会へ申し入れ

○p.m.5　長浜小学校職員会へ申し入れ

○p.m.8　「ただにする会」第一回対策会（長小・応接室）

Ⅵ　十日の行動

○　南海中職員との話し合い。

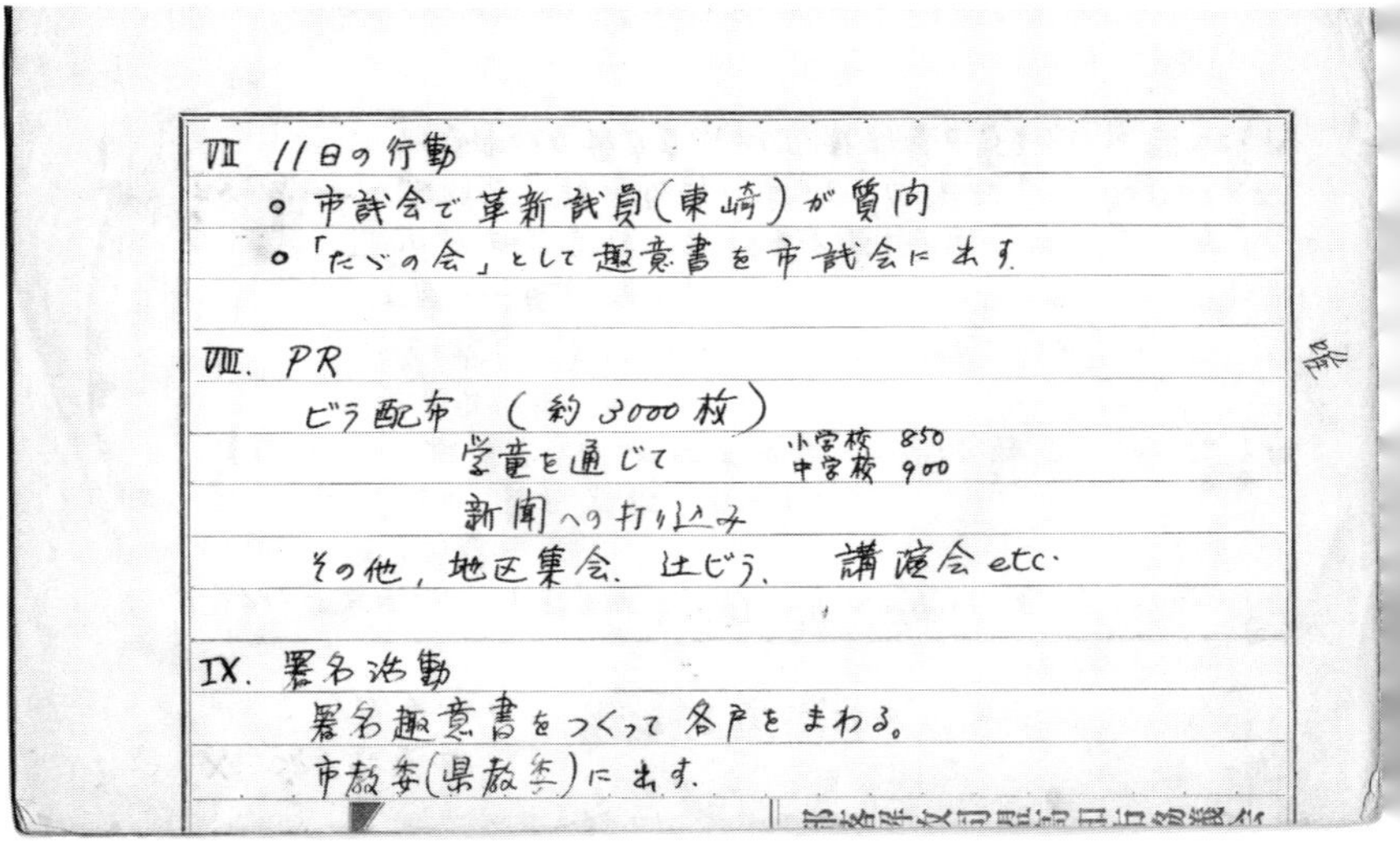

Ⅶ 11日の行動

○ 市議会で革新議員(東崎)が質問

○「たゞの会」として趣意書を市議会に出す.

Ⅷ. PR

ビラ配布 (約3000枚)

学童を通じて　小学校 850 中学校 900

新聞への折り込み

その他, 地区集会, 辻ビラ, 講演会 etc.

Ⅸ. 署名活動

署名趣意書をつくって各戸をまわる。

市教委(県教委)に出す.

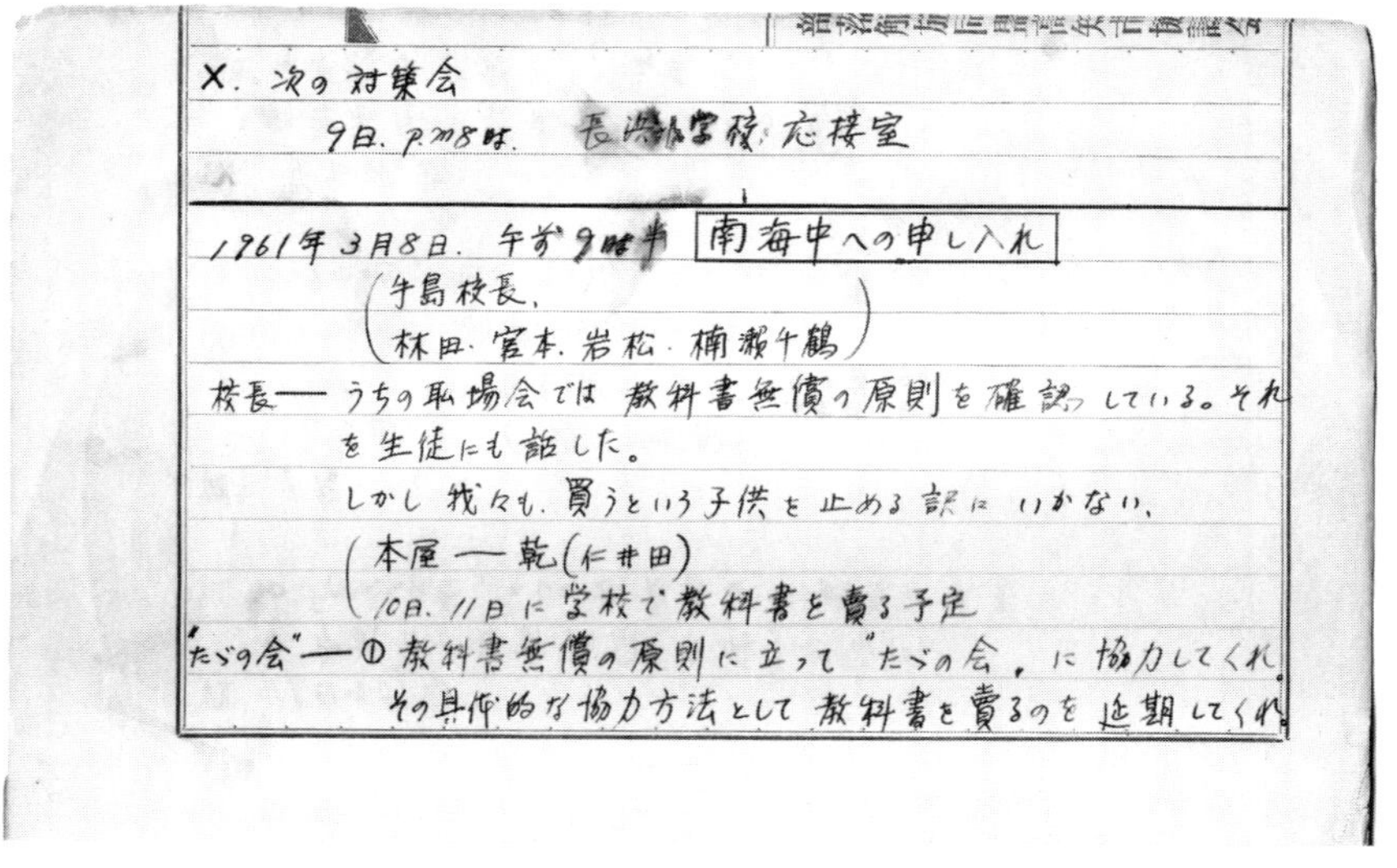

Ⅹ. 次の対策会

9日. p.m8時. 長浜小学校 応接室

1961年3月8日. 午前9時半 南海中への申し入れ

(牛島校長,
林田・宮本・岩松・楠瀬千鶴)

校長── うちの職場会では教科書無償の原則を確認している。それを生徒にも話した。

しかし我々も、買うという子供を止める訳にいかない。

(本屋──乾(仁井田)
10日、11日に学校で教科書を売る予定)

"たゞの会"── ① 教科書無償の原則に立って"たゞの会"に協力してくれ。

その具体的な協力方法として教科書を売るのを延期してくれ。

アンケートをとるなどということも、"たゞの会"の運動の伸びてゆく度合をみて、とるようにしてくれ。"たゞの会"の運動には積極的な一切の協力をしてくれ。

② このことによっておこるかも知れないさまざまの教育上の欠陥は教委の責任だ。従って事態収拾は教委がとらねばならない。

学校は地域父母の要求と共に進む。

以上の二点、基本的な立場を確認していたゞきたい。

3月9日、「たゞの会」第一回対策会　於長浜小学校

（市教組）小島、小松、本山百合穂、（南海中）水田、よね津、清水

（長浜小）楠瀬

（地域）伊内、本山リツ子、岡本親、浜松廣三、芝内政健、岡本

楠瀬、葛目、坂上、

宮本、武田、岩松

林田、富永三男

◎安全会勝利の経過報告（小松）

◎「たゞの会」討議

。経過報告（岩松）

。長浜小、職員会、9日・15の報告（楠瀬）

「たゞの会」の代表から申し入れをうけた。原則確認。しかし全面的に協力するという結論は得ず、具体的な協力方法もまず。（この方

6

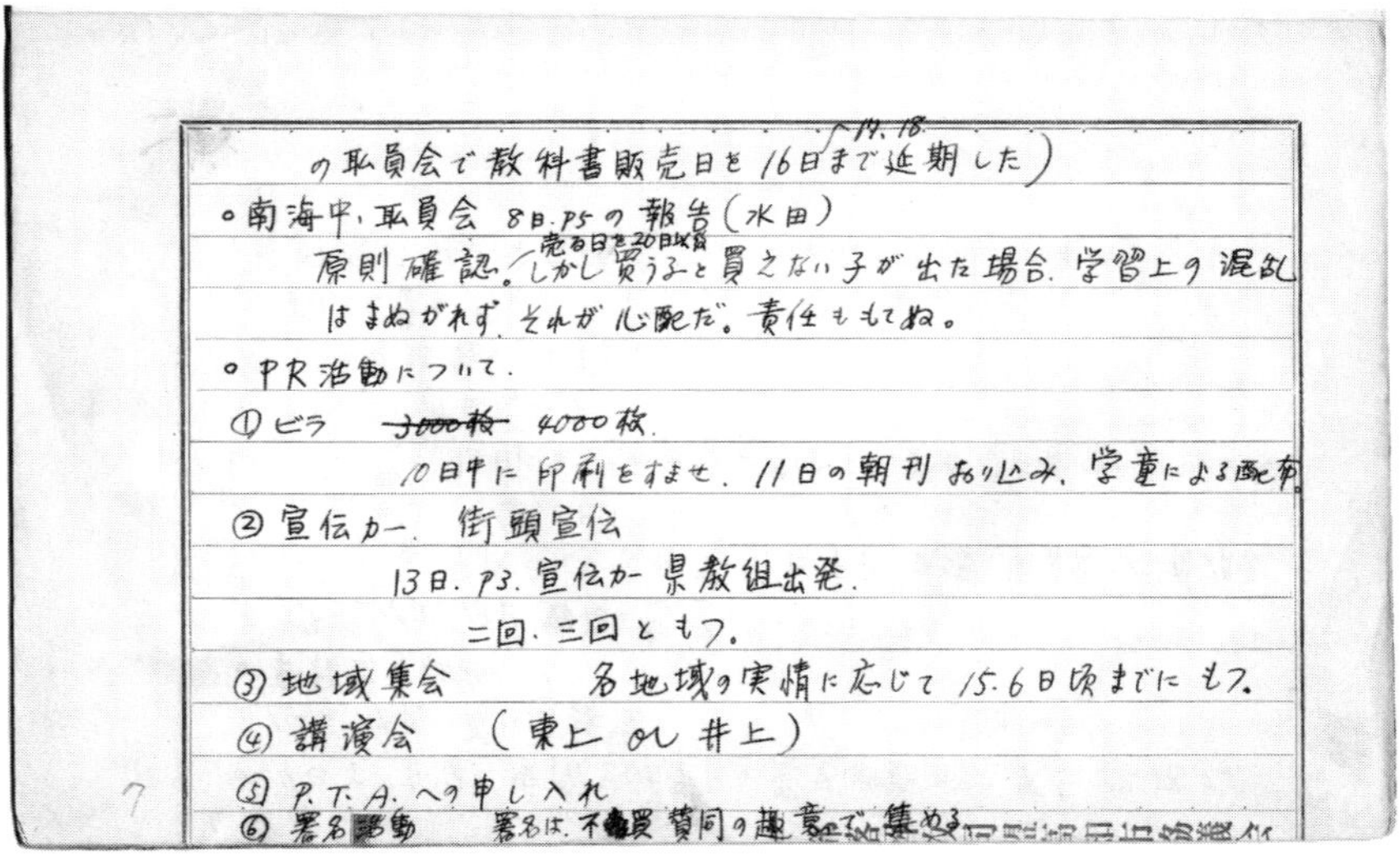
の職員会で教科書販売日を16日まで延期した)〜19.18

○南海中、職員会 8日.P5の報告(水田)

原則確認。しかし(売る日を20日以後)買う子と買えない子が出た場合、学習上の混乱はまぬがれず、それが心配だ。責任ももてぬ。

○PR活動について。

① ビラ ~~3000枚~~ 4000枚.

10日中に印刷をすませ、11日の朝刊おり込み、学童による配布。

② 宣伝カー、街頭宣伝

13日.P3.宣伝カー県教組出発.

二回、三回ともつ。

③ 地域集会 各地域の実情に応じて15.6日頃までにもつ。

④ 講演会 (東上 or 井上)

⑤ P.T.A.への申し入れ

⑥ 署名運動 署名は、不買賛同の趣意で集める

7

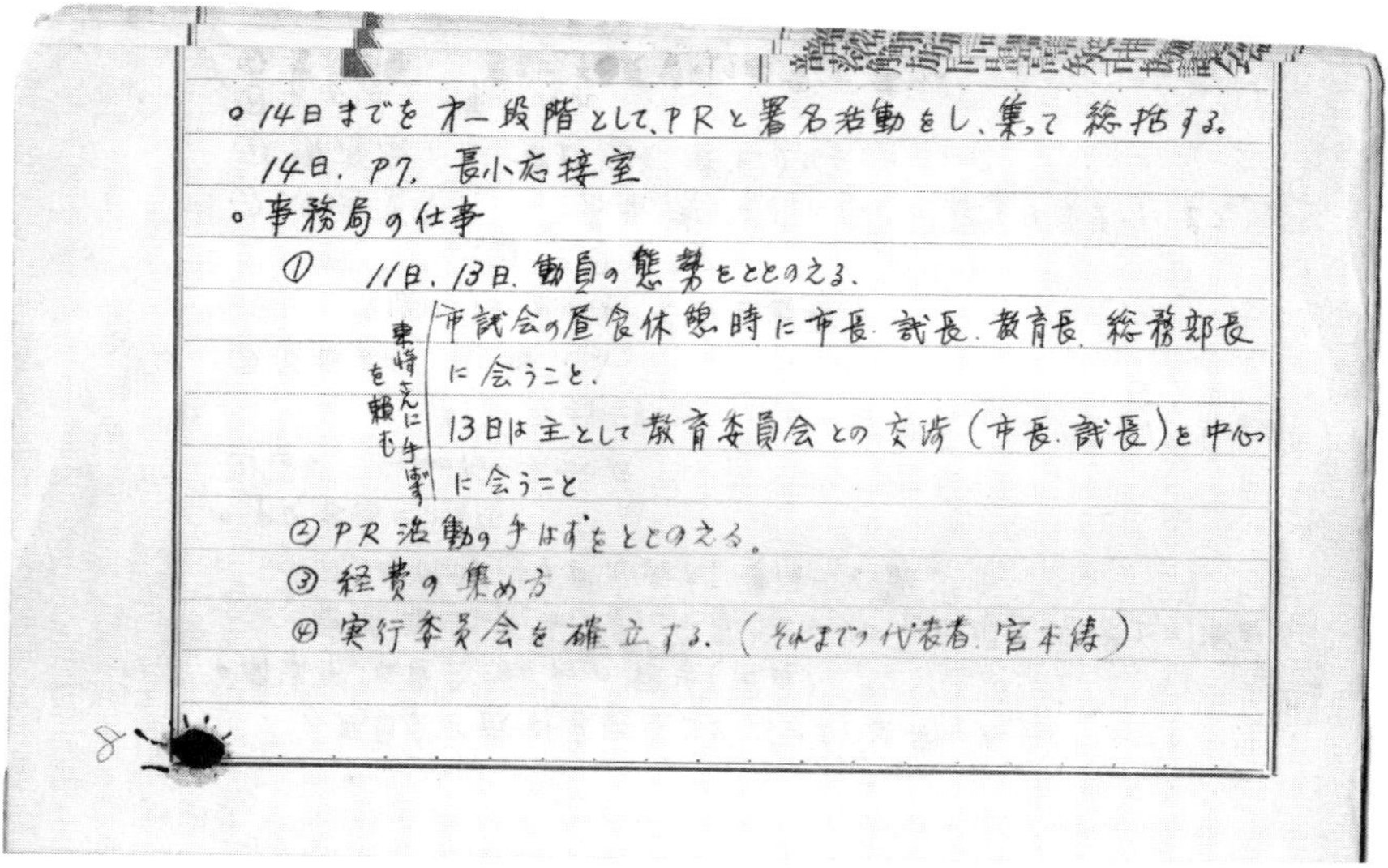
○14日までを第一段階として、PRと署名活動をし、集って総括する。

14日.P7.長小応接室

○事務局の仕事

① 11日、13日、動員の態勢をととのえる。

東崎さんに手配を頼む

市議会の昼食休憩時に市長、議長、教育長、総務部長に会うこと、

13日は主として教育委員会との交渉(市長、議長)を中心に会うこと

② PR活動の手はずをととのえる。

③ 経費の集め方

④ 実行委員会を確立する。(それまでの代表者、宮本傳)

8

3月11日(土)　市議会

東崎議員　（質問）教料書無償配布について

政平教育長　法律で保護者の子女就学強制義務が明記されているのだから、義務教育無償ということは或いは行政の責任かも知れない。しかし、授業料を徴収しないとうたってはあるが、教料書無償とは書かれていない。

そして又この無償をどこまでつらぬくかというと、国の負担能力と密接な関係をもつ。国の施策がなければ、自治体だけでは困難だ。

勿論、準困児童への措助はやらねばならない。

9

Ⅱ

私達父母にとって、毎年悩みになるのは教科書の購入に多額の費用がかゝることです。

今、長浜地区では「教科書を無償給与をしてくれるまで、教科書を買わない」という運動をおこし、連日市議会え働きかけています。

これは、単に「お金が沢山かゝるから、無償にしてくれ」というだけではなく、憲法に定められた、教育の機会均等という当然の権利を要求し、それを実際に果せという運動です。

憲法第二六条には、次のことが明記されています。

(1)すべての国民は、法律の定めるところにより、その能力に応じて、ひとしく教育をうける権利を有する。

(2)すべての国民は、法律の定めるところにより、その保護する子女に普通教育を受けさせる義務を負う。義務教育はこれを無償とする。

こういう面に金を使わず、私達からとり上げた税金を戦争の為につかい、民主教育を圧迫してくるところに問題があります。私達は、あくまで「無償」を要求し、市議会え働きかけようではありませんか。

3月13日午前10時　市役所前広場に集ろう！

高知県民主教育を守る会連合会

同和教育 一

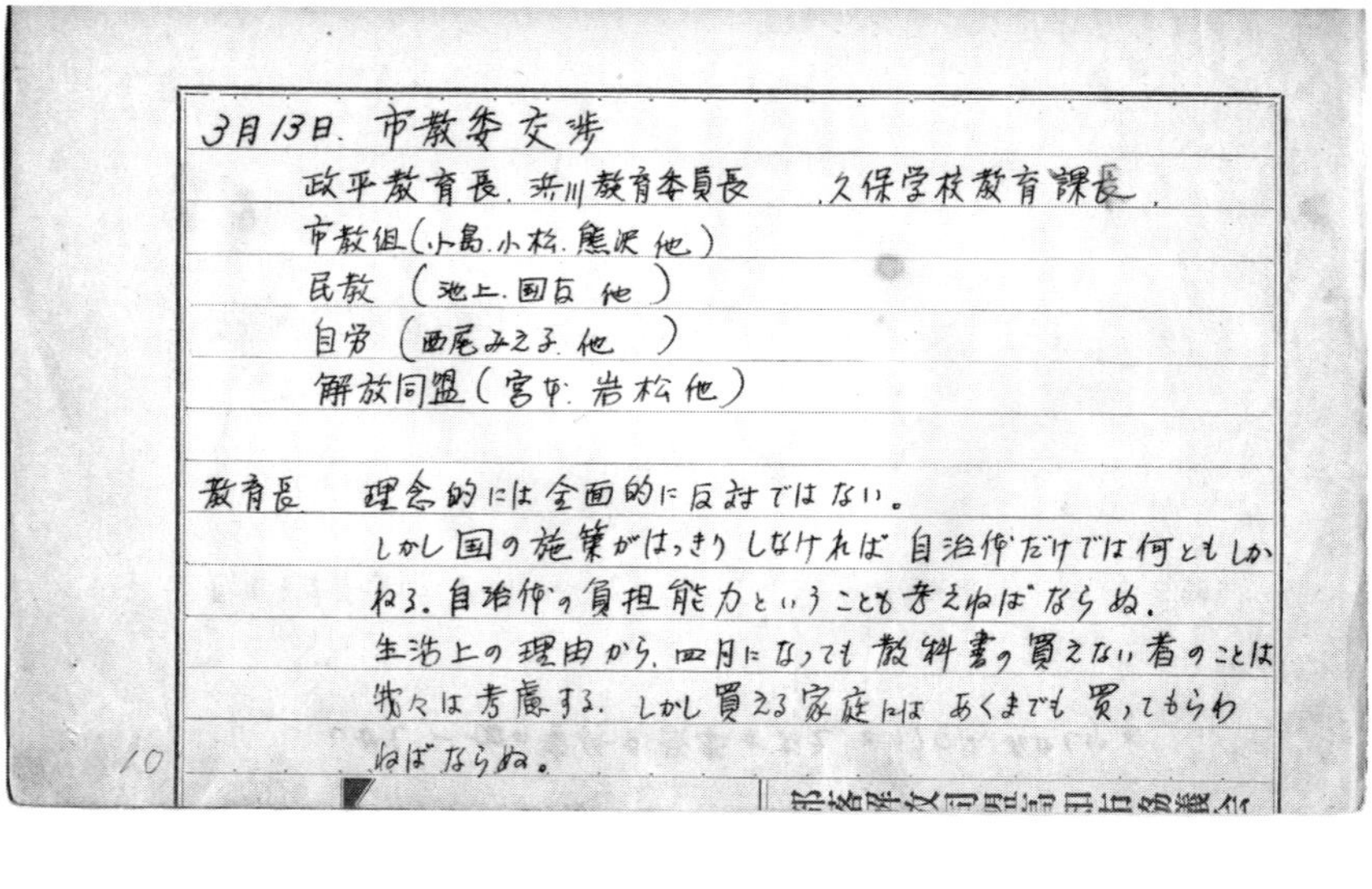

3月13日. 市教委交渉

政平教育長. 浜川教育委員長　.久保学校教育課長.

市教組(小島.小松.熊沢 他)

民教 (池上.国友 他)

自労 (西尾みえ子.他)

解放同盟(宮本.岩松他)

教育長　理念的には全面的に反対ではない。

しかし国の施策がはっきりしなければ自治体だけでは何ともしかねる.自治体の負担能力ということも考えねばならぬ.

生活上の理由から.四月になっても教科書の買えない者のことは

10　特々は考慮する.しかし買える家庭には あくまでも買ってもらわねばならぬ。

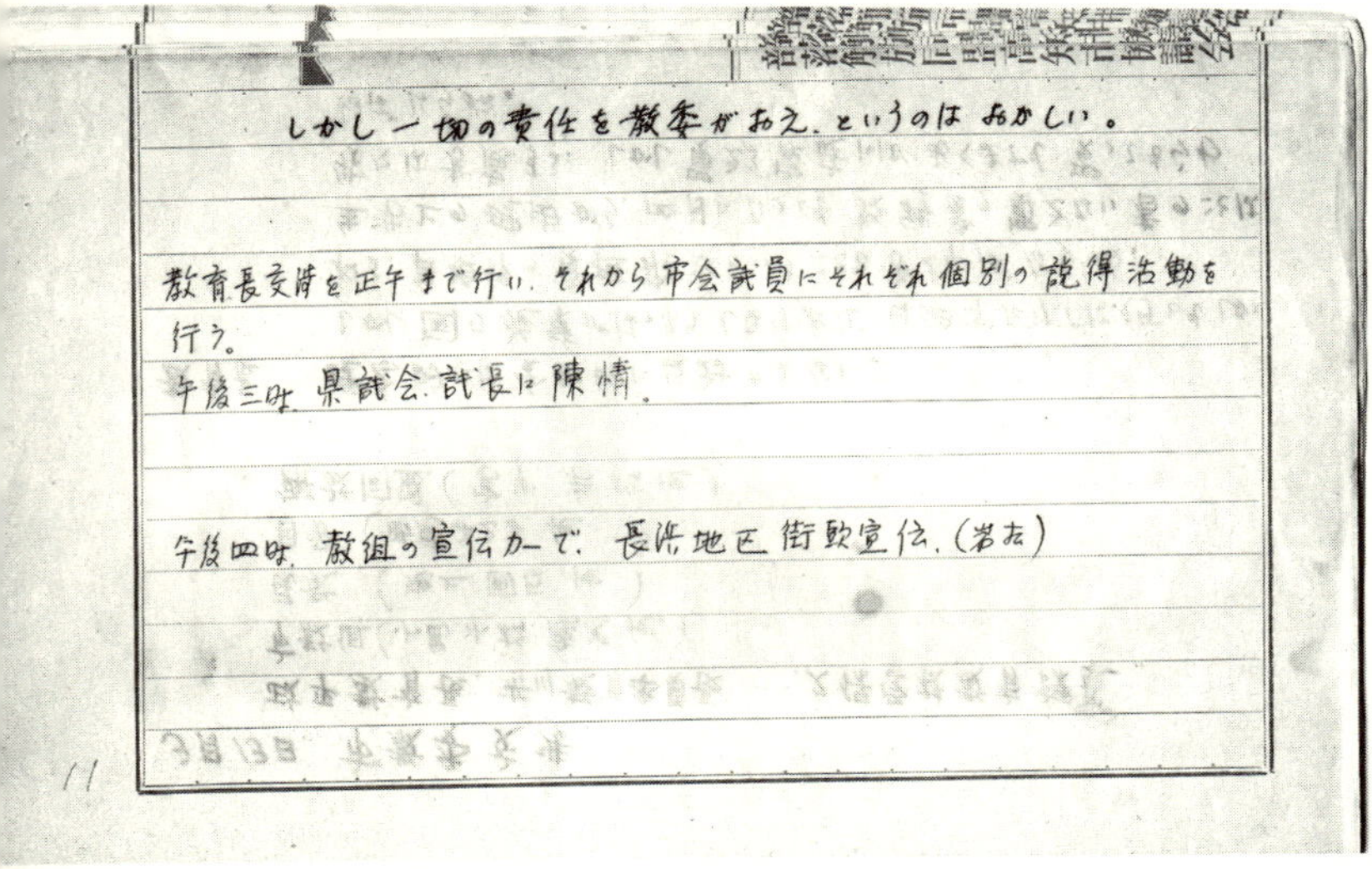
しかし一切の責任を教委がおえ、というのは おかしい。

教育長交渉を正午まで行い、それから市会議員にそれぞれ個別の説得活動を行う。

午後三時、県議会議長に陳情。

午後四時、教組の宣伝カーで、長浜地区街頭宣伝。（岩右）

11

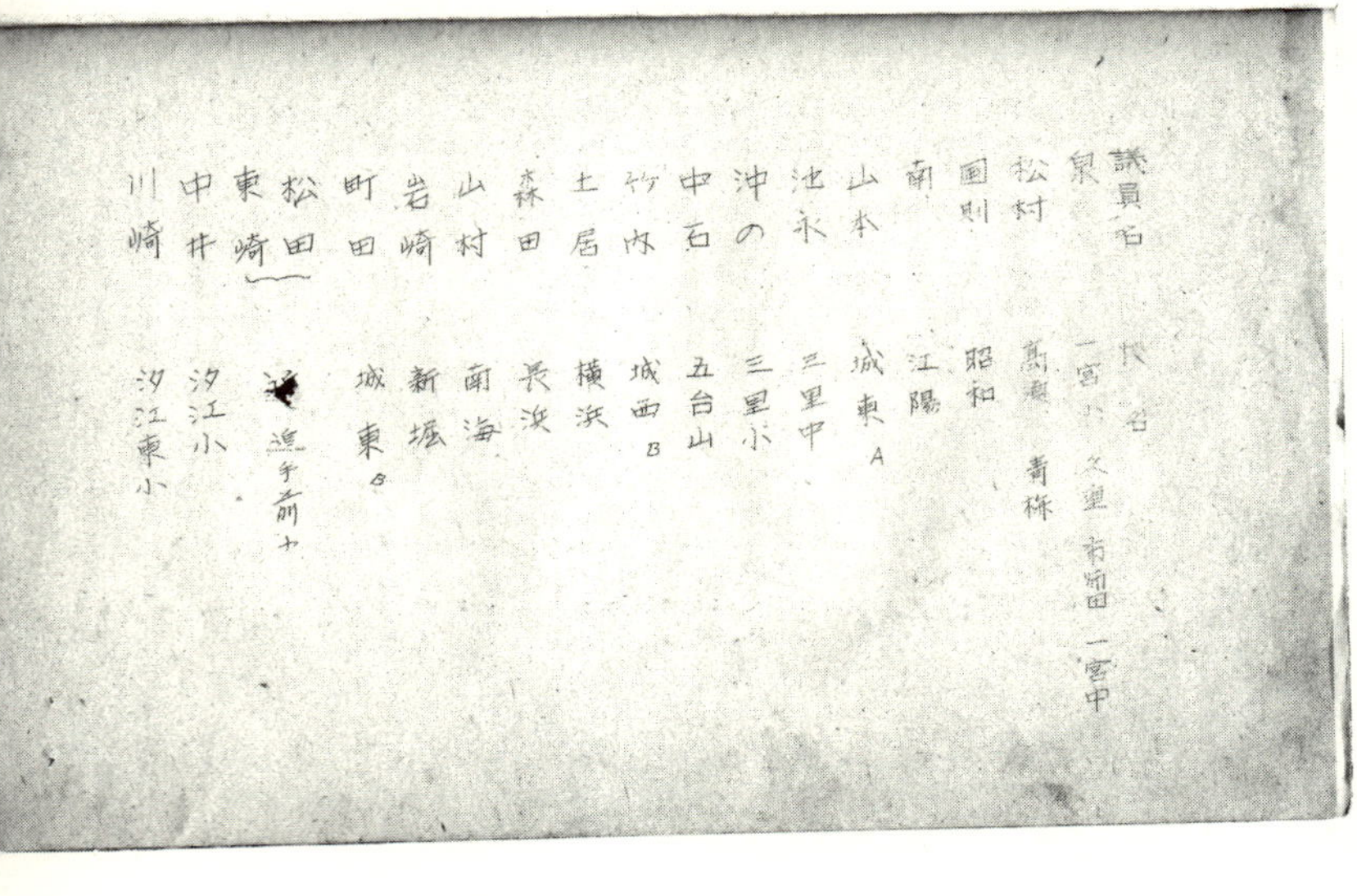
議員名	代名
泉	一宮小 久連 市畑田 一宮中
松村	高知 青柳
国則	昭和
南	江陽
山本	城東A
池永	三里中
沖の	三里小
中石	五台山
竹内	城西B
土居	横浜
森田	長浜
山村	南海
岩崎	新堀
町田	城東B
松田	
東崎	[illegible] 追手前小
中井	汐江小
川崎	汐江東小

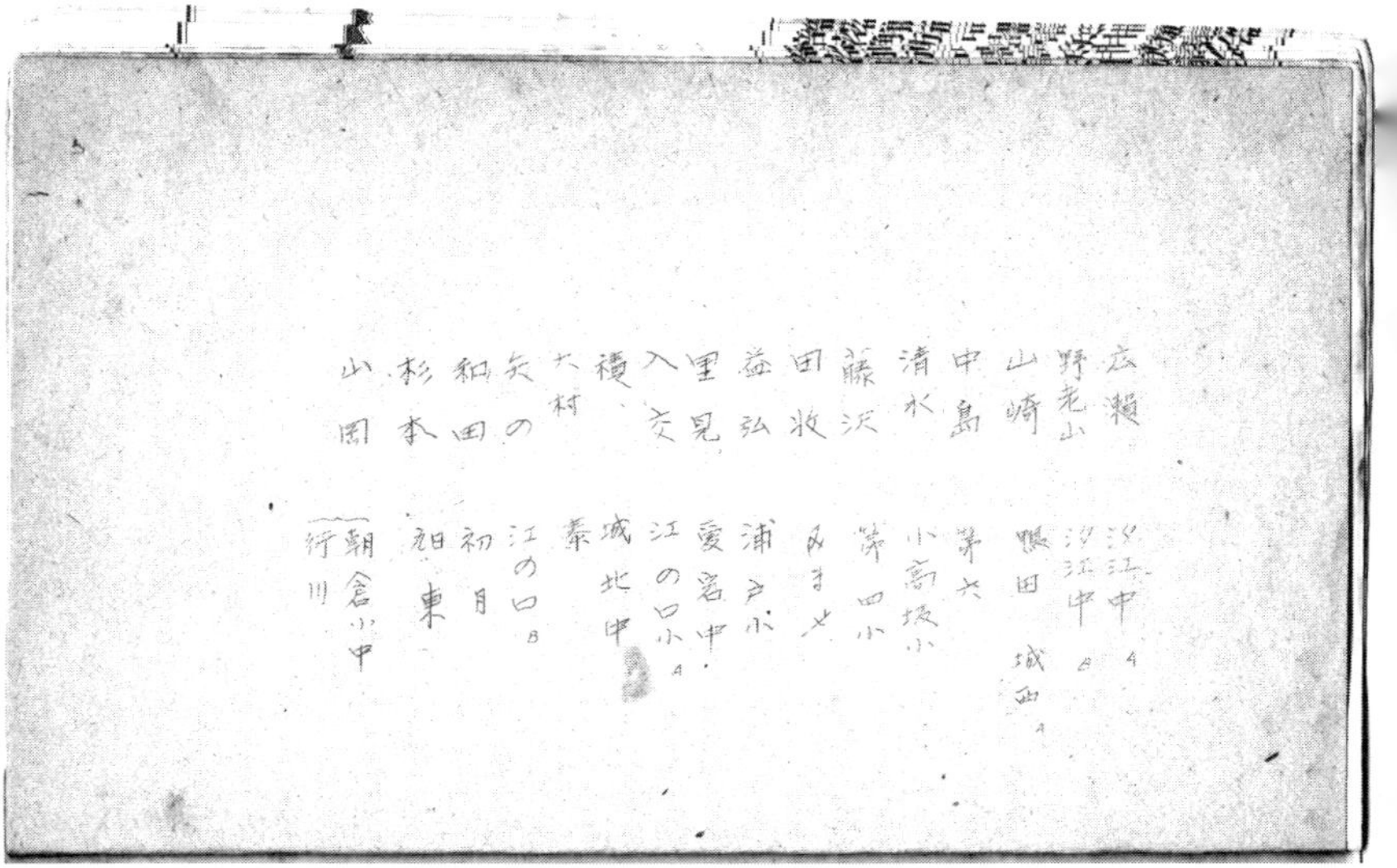
広瀬 野老山 山崎 中島 清水 藤沢 田牧 益弘 里見 入交 穂、 大村 矢の 和田 杉本 山岡

潮江中 A 潮江中 B 鴨田 城西 A 第六 小高坂小 第四小 みませ 浦戸小 愛宕中 江の口小 A 城北中 秦 江の口 B 初月 旭東 朝倉小中 行川

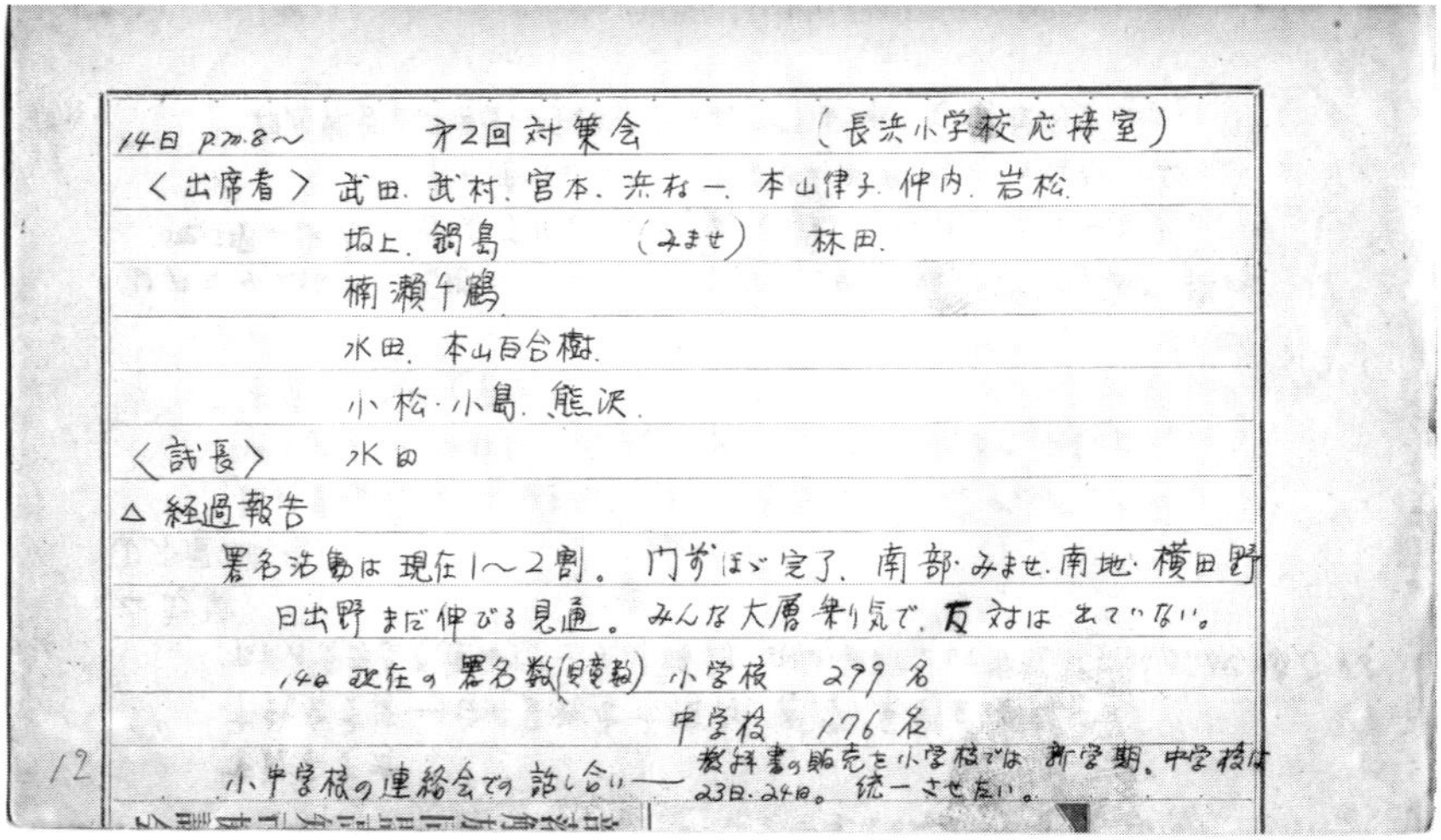
14日 P.M.8〜　オ2回対策会　（長浜小学校応接室）

〈出席者〉 武田．武村．宮本．浜ね一．本山律子．仲内．岩松．
坂上．鍋島　（みませ）　林田．
楠瀬千鶴
水田．本山百合樹．
小松・小島．熊沢．

〈議長〉 水田

△ 経過報告

署名活動は現在1〜2割。門ずほゞ完了．南部・みませ．南地・横田野
日出野まで伸びる見通。みんな大層張り気で．反対は出ていない。
14日現在の署名数(自覚数) 小学校　279名
中学校　176名

12　小中学校の連絡会での話し合い――教科書の販売を小学校では新学期，中学校は23日．24日。統一させたい。

市教委交渉
市議会交渉――合同審議会で検討、無償の原則を確認。
P.T.A支部長会（南海中）―原則確認。23.24日までとして混乱がおこらないから協力する。
△討論
①本屋の問題
教科書販売期日をひきのばし、我々の運動の時を稼がねばならぬ。
中学校の23.24日を、小学校と合わせて新学期までひきのばす。
本屋との交渉（宮下）

②P.T.A.工作 地域工作）長浜小P.T.A支部長会（3月16日P7）に、「タダの会」から、説明協力方申し入れをする。（岩松、楠瀬、教師一名）
市P連へのつき上げをさせる。浦戸のP.T.A.にも働きかける。
13 経過報告及び再度の呼びかけをする。ビラ配布（事務局）

○宣伝カー、街頭説明、市教委交渉への動員。
~~16~~17日（市教委交渉の前日）にまわる。
○署名活動
16日の長小P.T.A.支部長会、18日の市教委交渉までに完遂の腹でとりくむ。

②市教委交渉
18日に市長・市教委交渉をもつ。大がかりな大衆動員。
18日、午前9時半 市役所集合 10時より交渉
実行委員会を作り、戦術を検討する。
③教組の分会工作。
15日の小中学校連絡会で説得する。
市教委からの校長への圧力（要保護児童数の調査、その他）を排除
するために、「タダの会」としても校長との話し合いをもつ。
14 南区の代表委員会を早急にもつ。

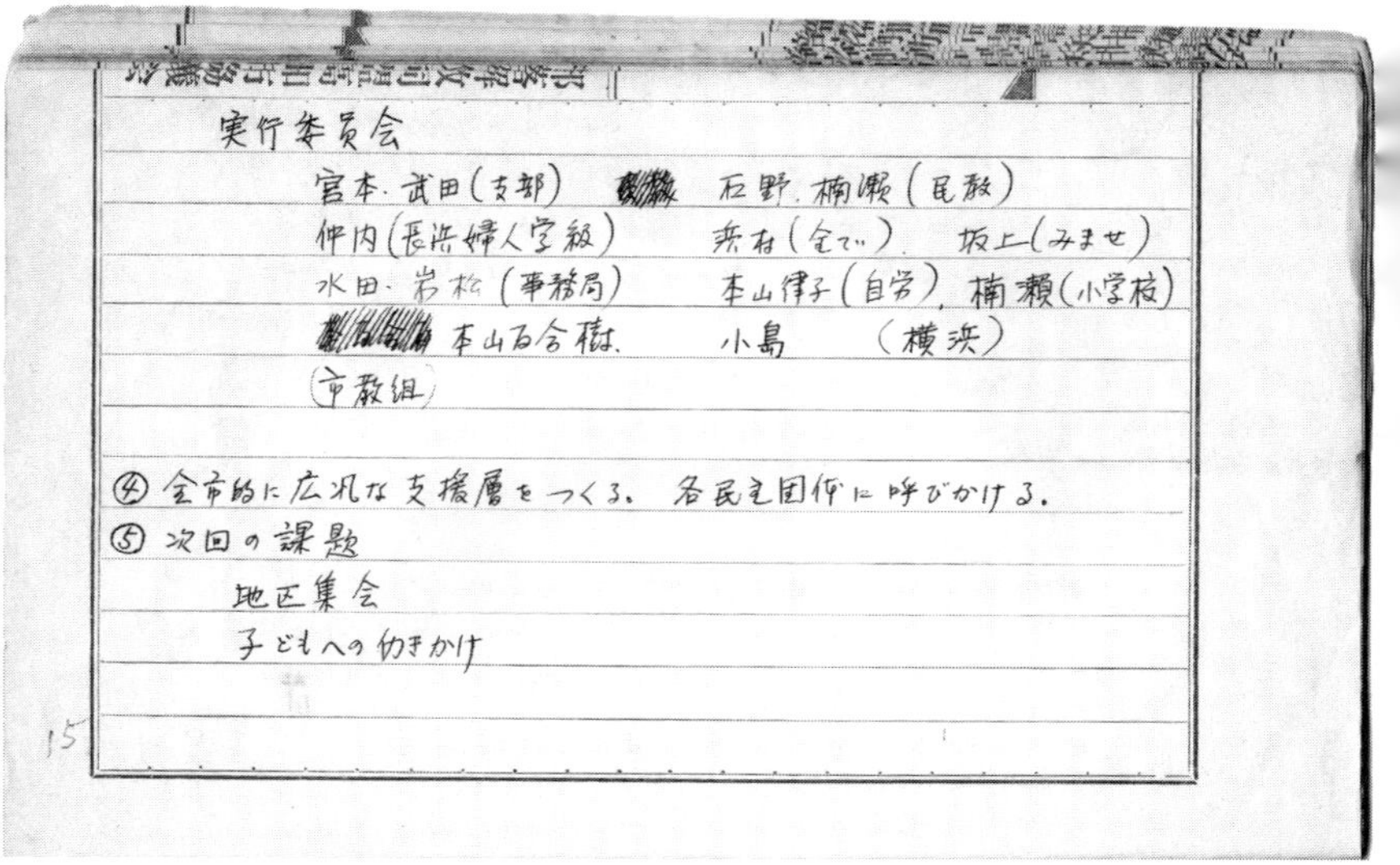

実行委員会

宮本・武田（支部） [redacted] 石野・楠瀬（民教）

仲内（長浜婦人学級） 森本（全てい）. 坂上（みませ）

水田・岩松（事務局） 本山律子（自労）, 楠瀬（小学校）

[redacted] 本山百合樹. 小島 （横浜）

（市教組）

④ 全市的に広汎な支援層をつくる。 各民主団体に呼びかける。

⑤ 次回の課題

地区集会

子どもへの働きかけ

15

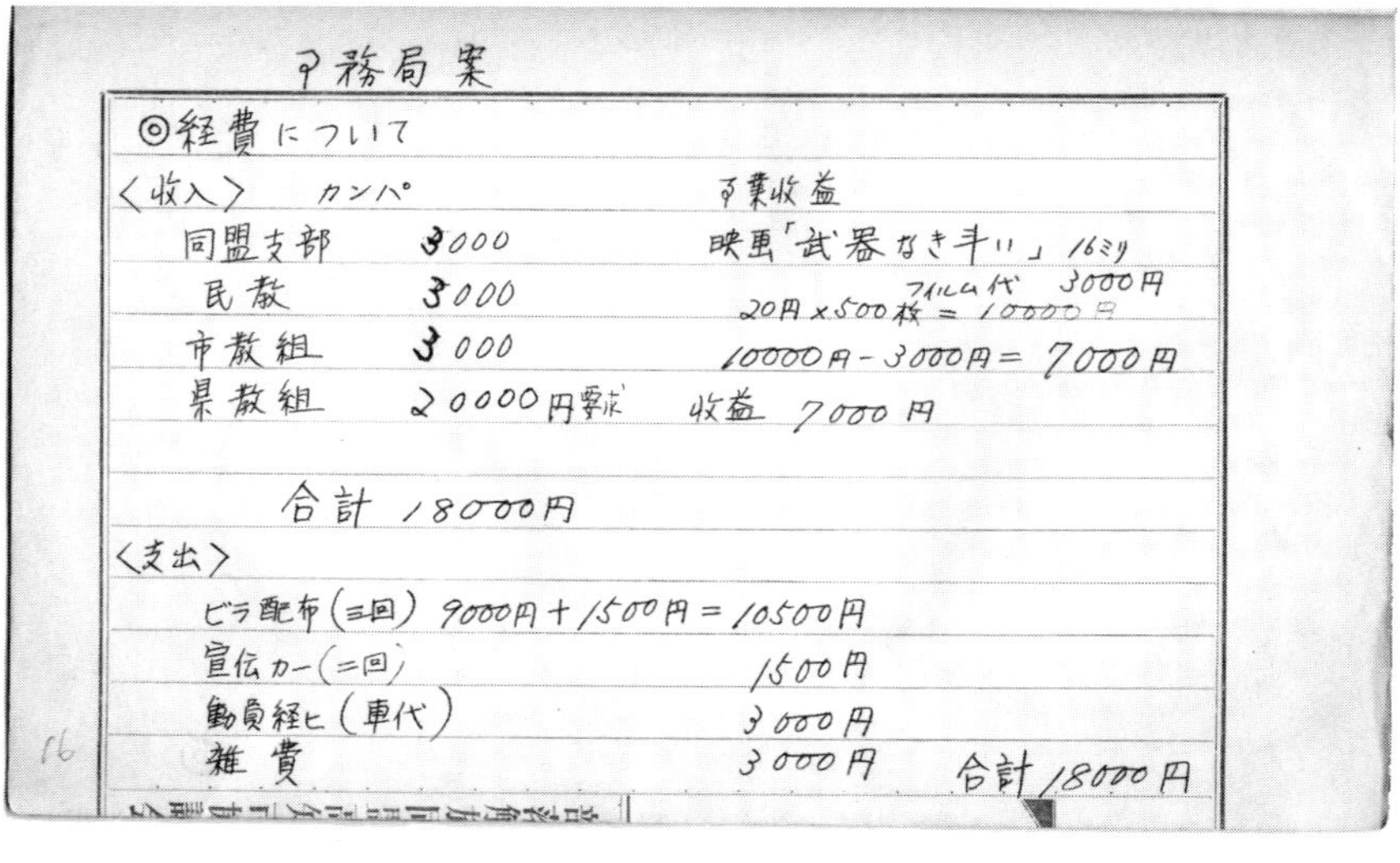

事務局案

◎経費について

〈収入〉 カンパ 事業収益

同盟支部 3000 映画「武器なき斗い」16ミリ

民教 3000 フィルム代 3000円

20円×500枚＝10000円

市教組 3000 10000円－3000円＝7000円

県教組 20000円要求 収益 7000円

合計 18000円

〈支出〉

ビラ配布（二回） 9000円＋1500円＝10500円

宣伝カー（二回） 1500円

動員経ヒ（車代） 3000円

16 雑費 3000円 合計18000円

◎地区集会について

南部　18日 p.m. 7.30

門前　19日 p.m. 7.30

北地
塩屋

南地

日出野

横田野

みませ

◎子ども集会

南部　20日 p.m. 7.00

17

3月15日　父母会、長浜小学校 校長と話し合い。何故教科書を売らないのか、早く売れと強要。

岡本　葛目春馬　武田寛　森沢

3月16日　第二回 街頭説明会 p.m 4〜7.30

小島、小松、岩松

3月16日　長浜小学校 P.T.A.支部長会　p.m 8〜

岩松、楠瀬 出席。教科書問題の説明と協力方依頼。

出された問題点

① 原則的には結構だ。しかし運動がさしせまりすぎている。どうしてこんなにさしせまってから はじめたか。こんなにおくれたのだから、もう来年のことにしてはどうか。

18

② 我々にもっと早く、運動をおこさずに、相談してほしかった。

③ 四月まで買わないでいて、本当に無償でもらえるのか？ 保障できるか。
もし成功しなかった場合、買うのを延期した子ども達の犠牲をどうしてくれるか

④ 買わない人はそれはそれでよい。しかし、買いたい人に強要することはできない。
学校は何故一方の言分だけをきくのか。早く売ってくれ。（岡本）

⑤

討議 ①原則的に確認。 ②18日がヤマだから、その結果をみてもう一度支部長会をひらく ③24日までに教科書を売ってほしい。遅くとも月末までに売ってほしい。売る時は万全の措置をとり、全員に徹底させよ。
徹

長浜小臨場会
18日の市教委交渉をみて、この会に協力するかを検討すること。決定。

19

18の市教委交渉について打合わせ。 17日 p.m 7.30〜11

この運動を勝利させる基盤は、絶対買わないという父母をいかに確保するかにかゝっている。それは署名だけに頼るのでなく、大小の地区集会を通じて市教委交渉などの具体的な要求行動に立ち上ることにかゝっている。

市教委交渉

我々は基本的・原則的な主張をつらぬきつゝ、現在の教育行政上の実態・貧困、父母へのしわよせなどを多角的に出して市教委をおいつめて行く。それを今日の大衆の暮しの窮迫と結びつけて出す。
その中から教科書不買を出してゆく。

交渉は宮下が中心的な役割を果しつゝ、大衆の率直な発言を促す
指導部は大衆の発言を助けて市教委を追求する方法をとる

20

高知県教職員組合『教育通信』No.339（一九六一年六月一五日）

教科《（ママ）》無償運動を　全県、全国に　もり上げ　要求をかちとろう

父母の負担軽減・義務教育は無償で

高知市長浜地区における教科書をタダにする斗い

運動のはじまり

一九六一年三月九日高知市長浜地区において教科書無償運動が組織された。これは

憲法第二十六条（教育を受ける権利）

すべての《（ママ）》国民は法律の定めるところにより、その能力に応じて、ひとしく教育を受ける権利を有する

②（義務教育）すべての《（ママ）》国民は法律の定めるところにより、その保護する子女に普通教育を受けさせる義務を負う。義務教育はこれを無償とする。

にもとづく権利要求の運動である。この運動が組織される前提には過去三年間の勤評、安保の斗《（闘）》いのもり上がりの中で一九六〇年四月から七月にかけての、小学校新教科書の採択をきっかけとして、教科書の自主採択、父母と共にすすめる教科書研究が展開され、教科書問題がＰＴＡ集会や地区教研にもち込まれた。六一年二月十一日長浜地区、地区教研の教育行財政の分科会で教科書問題が重要問題として取り上げられ、特に父母から無償運動を進めることが提起された。

池田内閣の所得倍増は物価の値上がりを生み国民大衆の生活は一層苦しさを増してきた。特にこの地区には、職業も充分与えられず最低生活さえも保障されていない人びとが多い地域である。政治に対する全般的な不満、金のかかりすぎる義務教育に対する諸要求が強く根をはっていた。こうした中でせめて教科書代だけでもという要求は権利意識と結びついて大衆の要求として高められた。

また、第六回四国地区、母親と女教師の会は「話し合いから行動へ」のあいことばのもとに「金のかからない学校にしよう」「教育の父母負担を軽減しよう」と教科書無償の請願署名運動に取りくむことを決定し、高知県は三十五年十二月、四十万署名を目標に実施した。

この署名運動は高校教育の全面破壊（一・二倍の入学競争率、職業課程と普通課程の比を五対五にする。大学進学準備高校と女子高校をつくる。小学区制など高校教育の三原則を破かいする。）を阻止する運動と結合されてすすめられた。

こうした教科書研究、地区教研、母親と女教師の会の運動や、安保、勤評斗争の国民的流れの中でこの教科書無償の運動の組織が作られ展開されたのである。

はじめはこの地区の五、六人の人によって出発したが、この地区の民主団体——解放同盟長浜支部、南区民主教育を守る会、南区子どもを守る婦人のつどい高知市教組長浜小、南海中分会、全日自労長浜分会、長浜地区労仂《(働)》者会議——に拡がりこれ等の団体を中核として三月九日正式に「長浜地区小《(マヽ)》学校教科書をタダにする会《(マヽ)》が結成された。

高知市教員組合はこの運動に対し次のように決定し運動の促進に当った。

(1)長浜地区の運動を全職場で討議し、拠点斗争として全組織で保証する。

(2)市内全体の問題《ママ》して

(イ)子供に「早く買え」というさいそくは絶対しない。

(ロ)ＰＴＡ会費、学級費、教師のポケットマネーで買えない子どもに教科書を買い与えることはしない。

(ハ)三月二十日現在で買えない子供の調査をして集約する。

(3)長浜地区、買えない子供の教科書について、市教委、市当局へ要求行動をおこす。

(4)教科書を持たずに来る（予想されるので）子どものことを職場全体で討議し、その子どもたちをつつんだ学習活動ができるよう教育計画を立てる。

(5)七月を目標に全県的な運動にもりあげるよう地域活動をおこす。

そしてその日から義務教育無償の完全実施、教科書が買えないから教科書をもらうのではなくて、憲法に保障された権利を守り、確立させるという原則を確認して運動がくまれていった。地元民主団体への共斗要請、本屋に対する教科書販売期日の延期申し入れ、市教委交渉、市議会対策、街頭宣伝、ビラ配布、地区集会、地区子ども会、小中学校ＰＴＡへの協力要請署名運動等連日連夜、火の出るような具体的行動が展開された。「憲法を守るために教科書は買いません」という署名は、地区二千戸のうち一千五百をあつめ権利意識は高まっていった。

三月十八日高知市教育委員会は次のことを約束した。

①憲法の精神にそって教科書をタダで配布せよという要求は原則として正しいことを認める。

②準要保護児童生徒に対す《ママ》教科書代給付のワクを大巾に広げる。

③ 新学期に入って混乱をさけるために、学校長が学校の費用で教科書を買いあたえた場合、その赤字をうめるために、教育委員会が費用を出すこともできる。

④ ＰＴＡ会費をとって学校の経費にあてることは法違反であり、教育委員会の責任であるから今後は全廃する方向で努力する。

⑤ この運動に協力する教師を、勤務評定や人事異動で不当なとりあつかいをしない。

⑥ 教育委員会は長浜に出で《ママ》地区民の声を直接きく。

この同じ日に、高知市議会では、革新議員団によって意見書、決議案が提出せられ本会議において満場一致で可決された。

「教科書をタダにする会」は直ちに以上の成果をビラ街宣によって地域民に徹底させるとともに、市教委をよんでの現地交渉の日取りを、三月二十五日（土）午後一時、場所は長浜小学校講堂で行なうことと決定した。

大衆行動のもりあがり

三月二十五日、仕事を休んで参加した地元の父母およそ四百名、その他地元教員、市内各地からバスをかりきって、応援にかけつけた人々も合わせて、教科書無償配布の要求のもとに結集した大衆は、長浜小講堂をうずめつくした。

「私たちは物乞いしているのではない、憲法を守れといっているだけだ。」

「われわれが法律をやぶったらくくられるのに、教育委員会は権力をかさにきて、平気で法律をやぶっているではないか。」

「ＰＴＡ会費は法違反だ今《ママ》までおさめた金をかえせ。」

日頃、朝くらいうちから、夜くらくなるまで仂きつづけ、その日の生活のことしか考えるひまのないこのおばさん、おじさんたちが、生活の中から学んだ真実を、今こうして朴とつな言葉で発言し、権力の行なう政治、行政に対しての、激しい怒りをぶちまけた。

当日のもようを高知新聞は次のように報じている。

『教育長らが姿を見せる午後一時半前から、地区の父母らが続々会場に詰めかけた。その大半がエプロンをひっかけ、ゲタばきの母親たち、ことし初めて小学校に入学する子をかかえた若い母親もいた。中学校にはいる子を持った日雇いの中年の母親もいた。しかし、この会場に集まった母親や父親は口々に、「教育長、私たちは新学期になっても、子どもたちに教科書は買いませんぜよ。」と断言するのだ。教育長の顔は暗く、この父母たちを見ていた。教育長の答弁は初めからほとんど変らなかった。「義務教育無償の原則は認めますが市の負担能力を考えますとき、やはり買える能力があるものには買っていただく。どうしても買えない方には準困者のワクをできるだけ大巾に広げ市教委が無償配布します。」この答弁のたびごとに「教育長！そりゃ矛盾じゃないか。無償の原則を認めながら」と怒りを含んだ発言があちこちから飛んだ。

「私たちのこの運動はだれっちゃあからも後ろ指をさされん運動じゃ。憲法二十六条には、ちゃんと義務教育は無償と出ちゅう。この斗いは一番大切な憲法を守る斗いぞね。」

これが出席したもの全員の頭の中にある根本的な考え方だ。』

「何んとかなだめたらおさまるだろう。どうせ一部の過激分子の煽動に踊らされているのだから……」□《(一字不明)》いうぐらいの気持できた市教委も、大衆自身の要求の強さとこの要求の正しさに圧倒された。教育委員会はようやく事の重大さに気付き、次の諸点を認め、再度教育委員会を開き、市長とも相談した上で後日、長浜の父母の前でその結果を報告することを約束した。

① この運動が一部の人たちだけのものでなく、地域の父母大衆のねがいにもとずい《(ママ)》た運動である。

② 義務教育は無償であるという原則に立てば教育委員会のいう「生活の苦しいものだけに教科書を無償でわたす。」ということは筋が通らない。教科書を買わないという強い意志は長浜地区民全員のものである。

⑧《(ママ)》 教科書は教育にとって絶対必要なものである。そして、四月の新学期になって教科書を持っていないものがいた場合は、教育委員会は教育を保障する責任がある。

三月三十日「教科書をタダにする会」の代表者は政平教育長外四名の全教育委員と最終的な話し合いを行なった。この話し合いは終始、談笑の中で行なわれ、次のようにまとまった。

二十五日の約束の上に立って、教育委員会は新学期の学校教育に対して、責任ある措置をとらなければならない。そのため、

① 四月一日の午後から四日まで、長浜小学校、南海中学校で教科書を販売する。(買えるものには買ってもらう)

② 四月五日に、教科書を買わなかったものの人数を調査し、どうしても買わないものに対しては、六、七日の両日中に、教育委員会の責任で教科書を無償配布する。

この決定は、市教委側の「買う能力のあるものは全員買ってほしい」という強い主張はあったが、「教科書を買う意志のないものには、無償で配布せよ」という父母側の要求が全面的に受け入れられた結果になった。この決定は翌三十一日の地区民集会の中で報告され満場のよろこびの中で確認された。そして地域大衆の強い支え合いと、一人一人の胸の中に芽生えた権利意識によって、四月四日の日には約二千名の児童生徒の内、約八割、一、六〇〇名に達する子供達がついに教科書を買わなかった。の《ママ》運動は最大の成果をおさめて、終結するかに見えた。

きりくずし市教委総辞職

しかし市教委は四月六日突如、地元の「タダにする会」に申し入れ書を送り、「買う能力のある人には、全員に買ってもらおうと教科書を販売したが、当初の予期に反して買ったものが僅少でこれでは到底能力のあるものが、もれなく買ったとは認められないので四月八日の処理は不能な状態となった。買う能力のない家庭には、適当な措置をするので、買える人は買って事態収拾に協力してほしい」と一方的に通告して来た。

これに対し「タダにする会」は「**約束を破った申し入れである。あくまで買わない運動を続ける**」として七日市教委に交渉を申し入れ徹夜交渉の結果、市教委は次の約束を文書をもって手渡した。

① 長浜小学校、南海中学校の準要保護家庭に対する教科書代の支給については、児童生徒数の各一割を下らない人数について支給するよう努力する。

② 前記一割の上になお若干の人数に対して支給る《ママ》すよう努力する。

③ ＰＴＡ経費の中、市教委が負担すべき性質のものについては学校運営に支障をきたさないよう努力する。

という三点で「準困者のワクを大巾に広げるという形で二割の人数までは無償配布する」という条件であった。この条件については、協議して態度を決定することを約束し、さらに三十日の回答を取り消した事情を現地で地区民に説明せよと申し入れた。これに対して市教委は、九日午後二時から長浜小学校で地区民と話し合うことを約束した。

ところが又しても九日午前十一時に市教委は「現地に出向いても、現状では話し合いが進展する可能性がないので出向は取りやめる」と電話で一方的に通告し声明書を新聞に送り雲がくれしてしまった。

(こ□□《(二字不明)》明書は翌十日の夕刊に発表された)

憤激した地区民は抗議集会を開き、

① **教科書は絶対に買わない。**

② **不誠実な市教委の責任を徹底的に追求するとともに、十日に直接市長交渉を行なう。**

ことを確認し十日、バスを借り切って市長に対し声明書を出して交渉をもった。

当初市長は、「教育行政は市教委の権限である。交渉は市教委とやってほしい。予算措置は教委と市長が話し合ってきめる。全員の無償配布は出来ない」と強引な態度で応対した。

しかし、市教委の不誠意、市行政の責任、教育現場の混乱の収拾策等を追求する中で、市長自ら高知警察署へ市教委の捜索願いを出しに行くという一幕もあって交渉開始以来十三時間、午後十一時、次の諸点を確約した。

① 無償配布の要求は認められないが現場の混乱をさけるため、現在教科書をもっていない子どもに対し一二日までに全員が教科書を使えるよう取りはからう。

② 教育長、教育委員等市教委代表を連れて、十二日午後二時長浜小に出向き、経過報告や今後の問題について直接地元民と話し合う。

③ 新聞に発表された市教委の声明書がいつわりなら取り消すよう教委に申し入れる。

この約束によって暗い雲の立ち込めていた教育現場に光がさし、地元民はほっと明るい表情をとりもどした。

しかし、十一日、事態は市教委の総辞職によって変った。「憲法の原則から出発したこの問題は、一地教委の権限では解決できない。この影響は教育界全般に大きくひびき、当教委の能力では解決する方途は見出せない。妥協は正常な教育行政を混乱させる。市民に責任をもつ立場の教委の責務をまっとうできないので総辞職し、今後に良き方図を期待するとともに市民各位の批判をまつ。」と声明して辞職した。

市長は、「教育行政の責任者がいないので、一〇日の了解点は白紙にかえった。」と宣言して前日の約束をホゴ《(ママ)》した。この問題は、市長、市教委の市民に対する背信行為によって、ついに早期解決の見通しを失い、教育現場の混乱は深刻な様相を呈するようになった。

反動勢力の台頭と教育現場の混乱

教科書配布の市長約束を当てにしていた長浜小、南海中は教科書がなくても、教師の自主編成による教育課程によって十分学習はできるという確信のもとにプリントによる授業を始めた。

現実に授業が始まると子どもが教科書を持っていないことの不安、心配と、子ども可愛さから父母に動揺がおこってきた。さらに、教科書を持った子どもの親、特に中学校への入試問題に頭を悩ましていた小学校の親の中には教科書を使って授業を始めて欲しいという要求を出しはじめた。この時期をねらってそれまでこの要求運動の正しさから手の出せなかった反動勢力（父母会）はこの運動をつぶすために策動をはじめた。

長浜小、南海中には特定の教員を指名して呼び出しがかかりはじめた。地域の教科書を買っていない人々には直接間接、「もう買いなさい、お金のない人は貸してあげますよ」「乞食みたいなまねはやめよ」「こんなことを煽動してやらせているのはアカだ」「地域民を煽動した教師はクビにせよ」「今のうち買わなかったら教科書がなくなる」「どうせ、ただにはならん」さらに、「この運動を煽動しているのは部落民だ」「地域民を煽動している教師は部落民だろう」などあらゆる手段で圧力をかけ、地域の活動家を浮き上がらせようとし、部落と一般の中に溝を作って対部落意識を作ろうとした。こうした悪質な宣伝デマに動揺して教科書を買いに走る父母も現われた。

十四日**地域反動**は長浜地区に、正規な教育促進の会、を結成し動揺する民衆をかかえこんで、市教委ならびに長浜小、南海中に対し教科書を使った正規の学習をするよう要求した。これに対し市教委学校教育課長は「教科書を使う方向で授業せよ」という通達を出すと共に、通達公文書を「促進会」に手渡した。

この公文書を手にした「促進会」は、市教委の職務命令に従って教科書を使用しての授業をせよと学校に迫り、教科書を持つものと持たないものとの間に差別が起らないように、教師自らの自主編成によってプリント授業を続けていた学校に、十七日以降は「教科書を使っているか、どうか監視する」と連日ドヤドヤと各教室におしかけ、メモを取ったり窓から首を出して教室をのぞき込み、ペチャクチャと話し合い、教師に対する圧迫を強化した。このため子どもたちは落着かずかえって正常な授業は妨げられた。（こうした間長浜小、南海中は市教委に対し教育行政の責任者として現場の実情を調査し、適切な指導をしてくれるよう再三にわたって現地に来るよう要請したけれども、一度も姿を見せず、現在（六月六日）に至るもまだきていない実情である）こうした状況の中で「タダの会」は教師と話し合いをもちつぎの二点を確認した。

① 学校は教科書を使って授業をする。

② 教師は「タダの会」といっしょになって、地区懇談会を持ち、今の段階では教科書を使用しなくても学力低下をおこさないこと、教科書を買わない運動の意義や教育の現状、教育の在り方などについて話し合いをすることを話し合った。

このため、市教組は教科書を買っていない子どものため教科書と同じプリントをつくって組織として斗いを支えた。（教科書を使用するようになると「促進会」は解散し、民主教育をつぶす運動に切りかわりその正体をばくろした。）

こうした最悪の事態の中で、十五日今度は市長が市教委の後任もきめないまま突然東京へ出張し姿を消した《（ママ）》。

この出張に市民の怒りは激しく、十八日「運動を全県下に」との県教組の声明につづき、十九日社・

共両党、県総評、民教、市教組、県教組、民商、解放同盟等によって長浜の斗いを支え、この運動を全県的に広げるため「義務教育をタダにする会」を結成し、その第一歩として全高知市に斗いを進め、さらに全県的な斗いを組む体制を作った。

これに先だって十二日高知市議会総務委員会は、市教委総辞職後長浜教科書問題について議会としての態度を協議し、次の八項目を確認した。

(1)市民から要望のあった請願の趣旨は、義務教育無償の原則を貫ぬき通すため、国に仂きかけてもらいたいということであったので市議会は、その趣旨を了として去る二月定例会において、「義務教育課程の教科書無償配布についての意見書議案」を満場一致をもって可決し、これを関係各方面へ提出して意志表示を明確にした。

(2)現実の問題として、準貧困家庭のワク拡大、父兄負担の軽減等については、本会議において「追加更正予算をもってしてもその実現に努力する」という執行部の答弁があっているので、当然履行すべきである。

(3)かりに長浜小学校、南海中学校のみに無償配布するとすれば、高知市全体の教育行政に大きな差別を生ずるので、特定の地域にのみこのような取り扱いをすることはできない。

(4)教科書無償配布の措置は本来国が行なうべきものであり、特定の問題のみをとらえて、地方自治体にその予算措置を要求することは、単に教育行政にとどまらず、他のすべての行政、特に市の単独事業に、しわ寄せされることになるので、市の行政全体を考えた場合には、きわめて困難である。

(5)無償配布の措置を講ぜよという意見については憲法上からも、また意見書議決の経過からも当然であるので、これが実現については、国に対し積極的かつ強力に仂きかける。

(6)空白となった教育委員の後任については、市長はその責任において、早急に選任するよう努力し、臨時議会を招集してでも、任命すべきである。

(7)教科書を買えない者の取り扱いについては、教育委員会は、早急に民生委員及び学校当局等に調査を依頼するなど、万全の方法を講じ、配布の措置をとるべきである。

(8)現在長浜地区において生じた混乱については、市長も教育委員会も、地区の各位も以上の趣旨をよく理解されて事態の収拾に努力すべきである。

これは市としてとるべき方策を示すと共に、教科書は無償配布されるべきものであることを再確認したものである。

四月二十一日**文部省内藤初中局長**は、憲法第二十六条の解決《(ママ)》について「憲法第二十六条に定められている義務教育無償の原則は、授業料の不徴収をいうもので児童生徒に教科書を無償で支給する法律上の義務を負うものではない」との回答があった。この文部省の一方的な発表は文部省自らが教科書無償運動の正当性をよく知っているだけに高知市で起ったこの運動が全国に波及するのをおそれた措置と考えられる。日教組の初代委員長で現参院議員の岩間正男氏はアカハタに「文部省がいまさら教科書を無償支給する義務はないというのは、デタラメきわまる。天野文相の時はなんといった。全生徒に無償配布すべきだが予算がないので一年生だけにといって、事実タダで配ったではないか。翌年配布をとりやめた時も、予算がないからといったのであって憲法にないからといったのではない。高知の斗いは文句なしに正しい」といっている。

こうした一連の文部省、地教委、地域反動の強大な権力に対決する運動の困難さにとまどい、運動のきびしさにしり込みし、市教委総辞職という現状にふりまわされ、この運動の経過や、情勢が十分理解されないままに教科書を買う父母が次第に増加し、不買者は七百名余りとなっていた。

将来への発展を期して終結

教育現場の混乱を憂慮していた市議会革新議員クラブは、四月二十日来、混乱収拾に乗りだし、現地に出向き「タダの会」と話し合い、市教委とも交渉をもった結果四月二十八日一応現在教科書を買っていないものの氏名を長浜小、南海中でとりまとめ市教委に提出した。旋幹《（ママ）》役の革新議員クラブは五月四日総会を開き「教科書問題を長浜問題と限定せず全市的配慮に立って準困のワクをおさえ、長浜に対して、その数を示して処置するよう。」市教委に斡旋した。

五月十二日市教委は、「全市のボーダーライン層を調査した結果、貧困家庭の多いことが分り、これまで通り国のワクだけでは、措置できないことがわかった。そのため市単独で二五〇人程度無償のワクを追加することにした。」として全市的についても一応のワクを拡げ、貧困家庭の多い長浜地区についてはさらに上積みして昨年の約五倍にワクを拡げ「二百人を準困家庭とみて無償対象とする」案を示した。

	三十五年度		三十六年度	
	人数	金額	人数	金額
長浜小	二九	一六、五六四円	一〇四	五九、八〇〇円
南海中	一四	一三、〇一六	九六	八六、四〇〇

ところでこの段階で長浜小、南海中では合わせて五百人以上の児童生徒が、教科書を持たず最後までがん張って、プリント授業を続けていた。地元ではこの五百人全員に「タダ」で配布するよう希望しているので二百人のワクでは不足する。殊に「調査の基準があいまいである。」「かりに調査がしっかりしていても、買えるものと買えないものと区別するのは反対だ。」「この案は受け入れることができない。」といった。(ママ)意見も出されたが、十四日、十五日と開かれた「タダの会」会員の話し合いによって「市教委のくばる教科書を受けいれる。しかしわれわれは権利として受け取ったものと確信する。」として事態を収拾。十七日、十八日と現在教科書を持っていない児童生徒ならびに準困児に対し教科書が配布されて、一応の終結をみたのである。

この終結に当っては、地元においては異論もあったのであるが、五月十三日市議会革新議員団の声明した「教科書無償配布は本来国の施策としてすべきもので、これを地方自治体に要求することは、教育行政は勿論、その他市行政にもしわよせされる。今後市議会としては、教育費の父兄負担軽減に努力するが、長浜問題は現在の案を認め、市教委も地元民も事態収拾に努力すべきである。」の上に立って努力した結果である。

「タダの会」の宮本会長は「こんどの斗いを正しく評価し、新しい方法でさらに無償運動を続ける考えである。」と終結に当ってその決意のほどを表明しているが、われわれも憲法第二十六条に規定されている義務教育無償の原則が一日も早く、実現されるようこの運動を国民運動に発展させ、国が無償配布を施策としてうち出すまで斗いを続けなければならない。

以上が教科書をタダにする運動のおおざっぱな経過の概要である。

この運動は純粋に大衆の要求を大衆みづ《(ママ)》からが組織し、行動した運動であった。運動の過程では多くの欠陥や不充分さもあった。しかし大衆みづ《(ママ)》からが、これほど整然と、これほど力強く、要求運動を進めてきたことは次の運動への自信と教訓を与えたことになろう。

総　括

われわれはこの運動の意義を明確にし、今後への発展をはかって、要求実現へのエネルギーを得るため五月二十四日長浜小中学校合同職場会、二十五日「タダの会」との反省会を開いて、この斗いを謙虚に反省し、総括を行ない、教訓を生かそうと考えた。この運動のもっている教訓をひきだすには、きわめて他面《(ママ)》的に客観的に検討がされなければならないのであるが、今の時点における集約を列挙して、次への礎石としたい。

一、成果と考えられるもの

(1) **県市民**に対し憲法第二十六条をアピールし憲法に対して考えるチャンスを与え権利意識を高めだ《(ママ)》。
多くの県市民の中には、憲法はスローガン的なものであるという考え方がなかったとはいえないが、この斗いを通して行動の中から実感として憲法をとらえることが出来た。当初、長浜地区における一、五〇〇名の署名と、最後まで買わなかった五百有余名の団結と統一は、それを物語っているし、この斗争が市民・県民は勿論広く全国民に及ぼした影響は大きい。

(2) **高知市教委**をして教科書無償の原則の正しさを認めさせた。

(3) **高知市議会**をして義務教育無償の原則実現のため、早急に善処するよう政府に対し意見書を提出させ、国民運動として発展させるもとを作った。

(4) **教科書**のない教育実践の中で改悪教育課程、教科書に対する批判より自主編成の重要性がはっきりつかめた。

(5) **教科書の無償配布要求**は、政治斗争であり、国民教育行政の中に解決していかなければならないものであることがはっきりした。

そのため「軍備予算を教育予算にまわす」といった政治の内容、本質を根本的にくみかえる巾広い運動の中で、斗わなければならないもので、憲法第二十六条のみでなく、憲法第九条・第二十五条も含めた斗いをくまなければならないことが、明らかになった。

(6) **敵の存在が明らか**になった。

文部省内藤初等中等局長の声明、父母会の動き等を勘案した場合、民衆の動きをつぶそうとし、分裂工作を進めている政府、父母会の性格がはっきりとすると共に、この巧妙な手だてと、一連の組織的系列をはっきりつかんでいかなければならない。

なお、ここで深考しなければならないことは、敵はアメリカ帝国主義と日本独占資本ならびにそれに連らなる政府自民党であって、父母会の会員やそれにまどわされている一般大衆を敵と考えるのは誤りであり、これ等の人びとは、やがて、われわれと共に斗う友である。

(7) **長浜地区**のみでなく市内の他の学校にも準困のワクを拡大させることができた。

学校種	三十五年度		三十六年度	
	人数	金額（円）	人数	金額（円）
長浜小	二九	一六、五六四	一〇四	五九、八〇〇
南海中	一四	一三、〇一七	九六	八六、四〇〇
市内小	五〇四	二九〇、〇〇〇	一一五三	六六二、九七五
市内中	二〇八	一八七、〇〇〇	七一七	六四〇、八〇〇

（準要保護児童の昨年と今年を比較したもの）

(8) **権利意識**を父母のみでなく、児童生徒にも持たせ、子どもの成長に役立った。

学校としては、教科書を持たずに登校する子どもたちが、卑屈感劣等感を持つのではないかと心配したが、かえって持ってくる子どもより明るく、のびのびしていて、最後までがんばったのは教師信頼の現われでもあるし権利意識を身をもって知らせることができた。

その一例として子どもの声をのせると（原文のまま）

「ほうりつの上では、ぎむ教育はタダだといっていたが、げんざいでは、そのことはぜんぜんまもられていない。これは、みんなのもんだいとして、教えていくべしだと言ってもよいことだ。これは、ただしいことだ。ただしいことは、しまいまで、まもることが、わたくしたちの力でもできます。みんなで力をあわせば市長でも教育委員会でも、みんなの力にはかてないことは、わかっています。みんなで力をあわすのは今なのです。みんながだんけつして、けんぽうを守りましょう」（南海中一年女子）

以上が成果として要約できるが、これ等の成果を上げる中で不充分さもでてきたわけで、これを克服していかなければならない。だから成果と欠陥といった対比させた見方ではなく、さらによりよい成果を上げるために……。

この斗いを通して考えられる問題点を自己反省すると

二、自己反省

1 指導部体制の不充分

①市教組と県教組との話し合いが十分できていなかった。

②市教組としては「タダの会」の基本的な要求の正しさを認めながら「不売《ママ》運動の戦略的戦術的な在り方」について組織とも共斗体制をとることができず「タダの会」を支援する形となって、長浜小、南海中の両分会に対し十分な指導を与えることが出来なかった。

③長浜小、南海中両分会においても、無償の斗いの原則については意志統一がなされていたが、不買運動については、教育的見地(教育の混乱)より疑点を持ち意志統一がなされていなかった。

④高知市内の他の各分会において同様意志統一がなされていなかった。

2 基本的な方針について

①基本原則に立脚した斗いは、国民の権利要求として正しい斗いであり、今後も拡大されなければならないが、斗いの展望、戦術、方針が指導部として不明確ではなかったか。(十分意志統一がされていなかった)

買わなければ勝てる買わなければ市教委が当然支給してくれる、といった甘い展望で、余りにも原則を貫き通し終結の時期を見失なったのではないだろうか。

②長浜のみの斗いで解決出来る問題ではなく、国民運動として盛り上げてこそ原則をつらぬくことができたのではないか。ここに戦術的な配慮、展望の誤りがあったのではないか。

(3)共斗体制が不充分であった。

社会、共産、総評、教組、民教、子供を守る会、解放同盟等の各組織の意志統一が不明確であり、指導方針についても明確さを欠いで《ママ》いたのではないか。

(4)無償の原則を貫ぬく権力斗争（政治斗争）と貧困の枠拡大（経済斗争）との戦術的な基本方針について再検討する必要がありはしないか……そこに部落一揆といった感じを一般に与えた。

(5)斗争が強力になったため、敵勢力が父母会に結びつきこれに便乗した。われわれはこの斗いの過程において、これに対処する方策がなされなかった。敵の力を過大視するのは危険性を伴うが過小視してはならない。戦術的に討議を要する問題である。

三、さらに市教委に対しては次の諸点を強く要望し反省を求める。

(1)市教委は自らの対策の誤りと見とう《ママ》しのあまさから辞任をしたのであるが、教育行政の責任者として最後まで責任ある処置をとるべきである。

(2)教育行政の指導責任者として、現場の教育が混乱し、現場教師からの再三の要請にもかかわらず現地指導に出向かなかったのは甚だ遺憾である。

(3)促進会と共斗しているが如き誤解を招く行動のあったのは残念である。

四、以上の諸点を考え今後に残される問題

1　教科書無償配布の要求を全国的な規模にまで高めるにはどう進めて行くかの問題
2　指導体制の確立の問題
3　地域反動のため、孤立化してしまった地域の活動家をどうするかの問題
4　地域反動のため、部落差別と結びつけられ部落対一般といった溝が出来たが、これをどう取り除くかの問題
5　長浜地区において最後まで買わなかった五〇〇名の父母の正しい要求をどう盛り上げるかの問題
6　この運動が教科書国定化への便乗といった心配ももたれるが、これとどう対決するかの問題
7　教科書のみでなく、ＰＴＡ会費等父母の教育費負担をなくする巾広い斗いへ発展させる問題
8　市民の側に立った姿勢で教育を前進させる市教委対策の問題
この外にもいろいろの問題があるであろうが、長浜における斗いの反省をまとめて経過の報告とする。

第七回日本母親大会［一九六一年八月二〇日、東京都］討議資料

教科書をただにする運動をおこそう
―高知市長浜における運動の報告を中心に―

高知県母親運動実行委員会

はじめに

憲法第二十六条には次のように明記されています。

①（教育を受ける権利）すべて国民は法律の定めるところによりその能力に応じてひとしく教育を受ける権利を有する。

②（義務教育）すべて国民は法律の定めるところによりその保護する子女に普通教育を受けさせる義務を負う。義務教育はこれを無償とする。

昭和二十六年と二十七年には、時の天野文相が全国の小学校一年生に国語と算数の教科書をタダでくばりました。このことは、憲法の精神にたって無償配布の正しさを認め、教育行政をその方向に進めて行こうとする出発点であるかにみえましたが、翌年からはうちきられてしまいました。

外国をみますと、社会主義国はもちろん全額無償ですがスエーデンやアメリカなど大半の国が国庫負担の方向に進んでいっております。

日本の現状

日本の義務教育の現状はどうでしょうか。戦後、国の教育予算の増加率にくらべて、父母負担経費はおよそ三倍の速度でふえていっています。一人の子供が小学校に入学してから中学校を卒業するまでに、十数万円も父母が負担しなければならないのです。

地方財政法では、教育費父兄負担反対の斗《（闘）》いの結果、市町村がその必要経費を住民負担にすることを禁じ、学校の建物や施設の整備、職員の給与等をＰＴＡ会費にたよってはならぬ事になりましたが、それはまだ絵にかいた餅にすぎません。給食婦や事務員が足りない為にＰＴＡ会費でやとい入れたり、校舎の修繕費なども大半がＰＴＡ会費でまかなわれています。従ってＰＴＡ会費がまるで授業料の性質をおび、学校はＰＴＡ立かといわれているほどです。

これが日本の〝無償〟であるべき義務教育の実状です。そしてこの様な義務教育の父母負担は、憲法に定められた人民の権利にそむくのみならず、民主教育の確立を根底から阻んでいます。

富裕な都市の学校は多額の寄附金をあつめてどん〳〵施設を整えて行き、恵まれた教育条件の中で子供達は勉強できるのですが、貧しい農漁村、僻地の学校は施設も教具も満足に揃わない中で子供達は放置されているのです。これが差別教育でなくて何でしょうか。又差別は学校差、地域差にとどまりません。一つの学校内でも金持の子と貧乏な子の間に差別が起ります。金が出せない為に学校を休む子供、集金の事を云われる度に身を切られる様に悲しい恥しい思いをしている子供――現在の義務教育は学校内にまで貧富の差をもちこみ、子供の仲間づくりを妨げ学級経営を困難にしているのです。

運動のおこり

高知市の南端長浜は貧しい漁村と未解放部落を含む町で、長浜小学校と南海中学校があります。その長浜で今年三月、憲法の権利を保障させる運動として教科書をタダでくばれという要求がわきおこりました。はじめは五、六人の話し合いから出発したのですが、急速にこの地域の民主団体――部落解放同盟、民主教育を守る会、子供を守る婦人の集り、高知市教組分会、全日自労分会などにひろがり、正式に「長浜地区小中学校教科書をタダにする会」が発足しました。

教科書無償配布は、昨年（一九六〇年）の秋母と女教師の会でも決議され、請願の署名活動が行なわれていましたし、今年の二月長浜でひらかれた南区校区教研でもとりあげられ満場の父母と教師が一致確認していた事でした。一般的な生活条件からいえば、所得倍増ならぬ物価倍増、公共料金の値上げの中で国民の生活は著《(ママ)》しく、子を持つ母親達の教育出費に対する悩みと不満は、教科書が全部かわる新学期を前にして頂点に達していました。

このような状勢の中で母親達は一斉に立ち上ったのです。「いくら請願しても効果がない。タダで配ってくれるまで教科書を買わない」という趣旨で二千人の児童のうち千五百人をうちまわ《(ママ)》る児童の父母が署名しました。母親達の主張は一様に「これは物乞いではない。当然の国民の権利であり、政府に憲法を守らせるのだ。軍備に使う莫大な金を教育費にまわせ」ということでした。

ただちに激しい活動がくりひろげられました。本屋には教科書販売を延期させ、先生方と話し合いをもち、街頭宣伝やビラ配布、署名運動、さらに市議会へ請願し再度の市教委交渉をもちました。夜は地域での集会、子ども会をひらきました。市議会は義務教育無償の正しさを認め、国策を要求する特別決議を発表しました。

この大衆の力に負けた市教委は三月二十五日長浜におもむき、この運動の基本的な正しさを認め、再考を約しました。そして四月一日から四日まで教科書を売ってみてどうしても買えない（買わない）者に対しては全員に無償配布することを「タダの会」に確約したのです。教科書販売の結果は二千人のうち千六百人が買いませんでした。「タダの会」のよろこび、わけても母親達のよろこびは一しおでした。苦しい日々を頑張ったかいがあった、やはり私達の要求は正しかった！母親達の胸に要求運動の自信と仲間意識が暖かく波うって、この運動は大きな勝利に終ろうとしていました。

きりくずし、弾圧

しかし、行政者は大衆のよろこびと信頼を裏切り、市教委は突然約束をひるがえしたのです。「買った者が予想に反して僅少だから、予算措置ができぬ」というのです。そして憤激した「タダの会」代表との夜を徹した交渉において「準生活困窮者のワクを大巾にひろげ児童数の二割までは無償配布する」という線をゆずりませんでした。更に現地におもむいて大衆と話し合うという約束をもふみにじって雲がくれしてしまったのです。それまではこの運動の正しさの前にしりごみしていた地域の反動組織〝父母会〟がにわかに動き出しました。誇張、デマ、おどかしをもって教科書を買わせようと暗躍し、父母大衆をきり崩し始めました。しかし多くの父母大衆はひるみませんでした。バスを借りきって市庁へ赴き最高責任者たる市長に直接会って行政者の責任を追求《（ママ）》しました。始めはうそぶいていた市長も大衆の激しい怒りと要求をまともに受けて遂に「四月十二日現地へ行く。教育現場の混乱をさける為に教科書を買っていない子に対して一先ず教科書をくばろう」と約束しました。この市長確約によって、暗い雲にとざされていた長浜に漸く光がさし、きり崩しに負けず頑張っていた七百名の子供達は教科書が手に入る十二日を胸をおどらせて待ちました。

しかし、再び大衆は偽りの谷につき落されたのです。四月十一日、市教委は突然辞任し、市長はこれを受理しました。そして市長は教育行政の担当者がいない事を理由に今迄の約束を反故にすると宣言し、事態の混乱を残したまゝ上京してしまったのです。こゝから「タダの会」父母大衆、教師、児童にとって苦しい暗夜が始まりました。地域の反動勢力は全市全県的なそれと結びついて、公然と弾圧に出るようになりました。部落差別を利用して運動をきりくずそうとし、良心的で活動的な教師を呼び出してつるし上げ、更には学校にまで押しかけて学習の妨害をし教科書を買っていない児童に心理的な圧迫を加えたのです。

交渉相手を失った「タダの会」父母大衆にとって事態は最悪でした。彼らはたゞ闇夜にじっと背を丸めてうずくまるようにして要求の正しさを守り抜く以外にありませんでした。

運動の終結

四月二十日以後、事態収拾に革新市議団がのり出してきました。教師、父母らと再三話し合いをもち、高知市政の現時点の中で収拾をはかることを提案しました。暗い見通しと様々の圧迫の中で斗いに疲れ始めた「タダの会」父母大衆は休息を欲していましたし、子ども達も教科書がほしくなっていました。

こうして漸く運動は妥結の方向に進みはじめたのです。市教委は調査の結果、無償配布のワクを大巾にひろげ、長浜地区には昨年の五倍、全市的には三倍の予算を計上しました。これは素晴らしい成果でした。実際百十四万円をかくとくした事は「金はあるのだ」ということを実証させた事でした。これは素晴らしい経験でした。長浜にはまだ強硬な「あくまでも頑張る」という父母の声もありましたが、五月十三日の革新市議団の声明「教科書無償配布は本来国の施策としてすべきもので、これを地方自治体に要求することは、教育行政はもちろん、その他市行政にもしわよせされる。今後市議会としては教育費の父兄負担軽減に努力するが、長浜問題は現在の案をみとめ、市教委も地元民も事態収拾に努力すべきである」という斡旋に従うことになりました。こうして大衆みずからが組織したこの要求運動は大きな次期の更に強力な運動を期して終ったのでした。

運動の意義、問題点

この運動は純粋に大衆みずからが組織した権利要求の運動でした。とりわけ母親達の結束の果した役割は重要でした。運動の過程には多くの欠陥や誤りがありましたけれど、この運動が基本的に持っている性格、意義や問題点を考え、全国の母親運動の大きな柱として発展させたいと思います。

(一) これは民主々義をかちとる権利要求の運動であり、平和憲法を具体的に守る斗いです。

(二) 一つ一つの教育条件をととのえさせるたたかいは、結合されて義務教育全額国庫負担を実現する大きな流れとなります。これは今日の差別教育を排し、高校の全入制を守り教育を人民のものにする国民教育運動です。この力を更に高めて、教科書の国定化、教育課程の改悪を阻止しなければなりません。

（三）これは国の予算を根本的にくみかえさせる運動であり、安保をハキし、国の政治を平和の方向へ独立の方向へ民主の方向へ進めるたたかいにつらなります。

（四）この運動の中で子どもたちは成長しています。

「ほうりつの上では、ぎむ教育はタダだといっているが、げんざいでは、そのことはぜんぜんまもられていない。これは、みんなのもんだいとして、教えていくべしだと言ってもよいことだ。これは、ただしいことだ。ただしいことは、しまいまで、まもることが、わたくしたちの力でもできます。みんなで力をあわせば市長でも教育委員会でも、みんなの力にはかてないことは、わかっています。みんなで力をあわすのは今なのです。みんながだんけつしてけんぽうを守りましょう」

（南海中一年女子）

教科書無償運動関連年表

1955（昭和30）年

1月16日　部落解放をめざした高知市清交会が結成される。

1956（昭和31）年

3月16日　解放団体高知県連合会が結成される。

8月18日　第1回同和教育指導者中央講習会が香美郡夜須町手結の海浜学校で開催される（～21日）。

1957（昭和32）年

11月8日　部落解放同盟長浜支部が結成される。

1959（昭和34）年

5月25日　部落解放同盟高知市協議会が結成される。

8月14日　高知市南区第1回平和まつりが開催される。

1960（昭和35）年

11月13日　第6回四国四県母親と女教師の会が高知市で開催され、教科書無償要求請願署名運動が開始される（～14日）。

1961（昭和36）年

2月　解放同盟長浜支部、役員会で教科書無償要求について論議。教科書の不買運動をおこすことを決める。

第1回南区教育研究集会（2月11日）で提案し、承認される。

3月7日　「教科書無料獲得に関する打ち合わせ会」が長浜小で開かれ、「長浜地区小中学校教科書をタダにする会」（「タダにする会」）の発足を決定。会の構成メンバーや事務局を決定する。

翌日から、南海中・長浜小へ協力要請をおこない、解放同盟高知市協や高知市教組へも協力要請をおこなう。憲法第26条をかかげ、教科書無償を要求するビラを南海中学校区全域に配布し、署名集めに取りかかる。最終的に1600人の署名が集まる（当時の児童生徒約2000人の8割）。

9日　「タダにする会」第1回対策会が開かれ、今後の運動のすすめ方が話し合われる。

11日　「タダにする会」、高知市議会を傍聴。東崎唯夫議員（解放同盟県連委員長）の質問に、政平駿次郎教育長は「憲法の無償は理想だが、法律的には授業料を取ってはならないということであって、学用品の無償を規定したものではない。経済的に困難な児童には必要な措置をとるが、全員の無償配布は国の施策がなければ不可能だ」と答弁。氏原一郎市長も同じ答弁をする。

13日　「タダにする会」、高知市教委と初めての交渉。

高知市議会各会派をまわり、協力を要請する。

3月13日　長浜小・南海中の合同職場会、運動に全面的協力を決定。
14日　高知市議会合同審査会で教科書無償に関する質疑がおこなわれる。
15日　「タダにする会」第2回対策会が開かれ、署名数475の報告や18日の市教委交渉の対策などを話し合う。
18日　「父母会」が長浜小校長に教科書販売促進を強く要求する。
18日　「タダにする会」、教育長と第1回大衆交渉。市教委は教科書無償の要求の正統性は認め、父母住民の声をきくため、25日に長浜に赴くと約束する。
18日　高知市議会、内閣総理大臣と文部・大蔵両大臣にあてた「義務教育課程の教科書無償配布についての意見書議案」を満場一致で可決。
20日ごろ　高知市教委は文部省に対して、教科書無償に関連して憲法第26条の解釈について問い合わせをする。
25日　18日の成果を街頭宣伝とビラ配布によって住民に報告。「25日の市教委交渉に長浜小講堂に集まろう」と呼びかける。
25日　「タダにする会」地区住民およそ400人、長浜小学校で市教委交渉。市教委「義務教育の無償は原則として正しいと認めるが、市の負担能力では不可能」との姿勢を変えず。だが「新学期になって教科書をもたない子どもがいればその教育を保障する責任がある」と最終的に認める。
26日　解放同盟県連第6回定期大会において「義務教育課程教科書をタダにさせる決議」を採択す

る。

30日　「タダにする会」代表、市教委と話し合い。市教委は「教科書を販売し、買える人は全員買ってもらう。買えなかった者には4月6・7両日中に配布する」ことを約束する。

4月3日〜4日　長浜小で教科書販売店の出張販売。買った者約400人、1600人が不買。

4日　高知市議会総務委員会で教科書無償問題について話し合われ、「全市的な問題であるので、地区の人々の了解を得る努力」をするよう市教委に要望する。

5日　市教委は「買う能力のある家庭と能力のない家庭と区別できない」との理由で「準貧困家庭への無償配布はすぐにはできない」との結論に達する。

6日　市教委「買う能力のある者には全員買ってもらわなければならない。しかし、買った者は僅少で、4月8日の処理は不可能になった」と「申入書」を「タダにする会」に手渡す。

7日〜8日　「タダにする会」代表、市教委と再度の交渉をおこない、徹夜交渉となる。教育長は「長浜小、南海中の準要保護家庭を児童生徒数の1割以上とみて支給する。9日に長浜へ出向いて地区住民に説明する」と約束する。

8日　長浜小・南海中で入学式がおこなわれ、新学期がはじまる。

9日　約束の午後2時に市教委あらわれず。「長浜へ出向いても現状では話し合いが進展する可能性なし」と一方的に電話通告。「タダにする会」は抗議集会に切り替え、あらためて結束を誓い合う。

10日　「タダにする会」は所在不明となった市教委に代わり、市長交渉にのぞむ。「教育行政に介入することは市教委の権限を侵すことになる。市長としては市教委の判断と決定を尊重し、それに伴う予算措置も相談して決める」と市長動かず。

交渉中、『高知新聞』夕刊に市教委声明「買う能力のある者には全員教科書を買ってもらう以外に解決の方途はない」が出る。市長は最終的に「無償配布の要求は認められないが、現場の混乱を避けるため12日までに教科書を用意する。12日に市教委を連れて長浜へ出向き、地元民と直接話し合う」と確約する。

4月10日　長浜小・南海中はプリントによる授業を開始する。市教組は連日組合員を両校に送り、教材づくりなどを支援する。

11日　市教委がぬきうちに総辞職する。市長は「教育行政の責任者がいなくては処理ができないので10日の了解事項は自動的に解消する」と破約する。

12日　市議会総務委員会、「無償配布は本来国が行うべきものである。憲法上からも実現すべき問題であり国に積極的に働きかける。長浜地区だけの無償配布を認めることは市全体の行政に差別を生ずるので特別扱いは認められない」との方針を確認する。

12日　「タダにする会」約250人は市教委と市長に対する抗議集会を長浜小で開く。

12日　「タダにする会」に反対する人びとは「正規な授業を促進する集まり」を開き、長浜小校長ら十数人の教師に教科書を使って正規の授業をせよと要求する。

12日　高知県教組は闘争委員会を開き、県教組から日教組に対して教科書無償運動を全国的運動とするよう提案することを決定する。

13日　民主教育を守る会は活動者会議を開き、運動支援について協議する。

14日　「タダにする会」代表、市長と再交渉。市長は「買える者は買ってほしい。買えない者には準困家庭のワクを2割くらいまで広げ公費で支給する」と交渉を打ち切る。（翌日から10日間東京へ出張）

14日　「長浜地区正規な教育促進の会」（「促進会」）が結成される。「促進会」は連日、授業の監視と教師への圧力、街宣カーや民放ラジオ（RKC座談会　18日）で「わが子に教科書を買い与えるのは親として当然のつとめであり、無償要求は国家コジキのすることだ。あっちは３００万おるというが、われわれの方は９０００万おる」と「タダにする会」を攻撃、運動の切り崩しをはかる。

17日　「タダにする会」は長浜小・南海中の教員と話し合いを持ち、教科書を使わずにプリントでの授業の継続を要望する。

18日　「促進会」、「これ以上今のままの授業が続けば最後的な手段をとる」と長浜小・南海中に談判する。両校は職場討議の結果、「19日から教科書を使用する」と回答。

18日　県教組は常任執行委員会を開き、「運動を全県下に」の声明を発表する。

18日　文部省は憲法第26条の解釈に関する高知市教委からの問い合わせに対し、「憲法に定められている無償の原則は授業料の不徴収をいうもので、教科書を無償支給する法律上の義務なし」と回答する。

19日　社会・共産両党や県総評、民教、市教組、県教組、民主商工会、解放同盟などによって「義務教育をただにする共斗会議」が結成される。
4月20日 文部省、「教科書を無償で配布する法的根拠はない」との正式見解を発表し、各都道府県教委あてに通達。
20日 市議会革新議員団が事態収拾にのりだす。長浜小・南海中の状況を調査し、「タダにする会」と話し合う。
28日 長浜小・南海中、教科書を持たない者の氏名を市教委に提出（約500人）。
5月1日 『高知新聞』は「教科書をタダにする運動」と題して、これまでの運動の流れを整理する。
4日 革新議員団、総会を開き「教科書問題を長浜だけに限定せず、全市的配慮に立って準困のワクを広げること。長浜には早急に無償ワク拡大の数を示し処理すること」と市教委に申し入れる。
7日 部落解放同盟高知市協議会第3回大会で「義務教育課程教科書をタダにさせる決議」が可決される。
12日 市教委は「調査の結果、貧困家庭が多いことがわかったので、全市的に250人ほど市単独で無償ワクを追加する。長浜地区にはさらに上積みして昨年の約5倍とし、小中合計200人を無償の対象とする」との最終案を提示する。
13日 市議会革新クラブは、教科書無償問題について「市教委案を認め、市教委も地元民も事態収拾に努力すべきである」との声明を発表する。
13日 「タダにする会」は役員会を開き、市教委案の検討をおこない、大衆討議で決定することにする。

14日　「タダにする会」は南部公民館で市教委最終案について地区集会をおこなう。

15日　「タダにする会」は南海中で最後の大衆集会を開き、市教委案を受け入れることを決定する。「これはわれわれの闘いの成果であり、われわれは権利として受け取ることを確認する。そして今後もさらに義務教育無償を実現させるため新たな運動を続けていく」と終結宣言（夜11時）。

17日　長浜小で教科書の無償配布がおこなわれる（南海中では18日）。

24日　長浜小・南海中合同職場会を開き、運動の総括をおこなう。

25日　「タダにする会」は高知市教組と運動についての反省会をもつ。

7月21日　荒木文部大臣は記者会見で、教科書無償問題について今後検討していく旨の発言をする。

8月21日　第7回日本母親大会2日目に教科書無償要求決議が承認される。

11月17日　『高知新聞』は「『教科書無償』への勇断を」と題する社説を掲載する。

12月15日　『高知新聞』の「ペンとこの一年（10）」は「教科書無償の運動」をとりあげ、「親心とらえた〝憲法〟身近に感じる政治論議」と整理する。

1962（昭和37）年

2月25日　南区教研で、教科書無償運動の総括と新年度の運動のすすめ方が討議される。市教組の「教科書無償の原則は認めて、準困のワクを拡大する」という運動方針に対する批判が噴出する。

3月9日　東崎唯夫議員が高知市議会で教科書無償配布をめぐる市教委の対応を問いただす。

3月21日　「タダにする会」は、昨年7月に再選された政平教育長たちと南部公民館で大衆交渉をおこなう。市教委は「準困のワクを拡げる」という一点張りで、平行線に終わる。
30日　「タダにする会」は再度の市教委交渉をおこない、「準困のワクを拡げる」点について「本人が申請し民生委員と校長が認めた者に対して、市教委は全員に教科書を支給する」ことで合意する。前年の4倍以上の成果をかちとることとなる。
31日　「義務教育諸学校の教科用図書の無償に関する法律」公布、翌日施行。

1963（昭和38）年

2月27日　政平教育長に「教科書問題で話し合いたいので出向いてきてほしい」との申し入れをおこなう。
3月9日　「タダにする会」は新設の長浜隣保館で市教委交渉をおこない、「準困窮家庭の申請書は地区民生委員の認めたものを優先する」と、前年度同様の結論で解決する。
12月21日　「義務教育諸学校の教科用図書の無償措置に関する法律」公布、施行。

資料・写真等、ご協力いただいた団体・個人

部落解放同盟高知市連絡協議会
部落解放同盟高知県連合会
高知県教職員組合
高知新聞社
高知市立自由民権記念館
高知市立長浜市民会館
国立国会図書館
高知県立図書館
高知市民図書館
東 信喜
永吉玉子

村越良子（むらこし・りょうこ）
1935年高知県高知市長浜に生まれる。「長浜地区小中学校教科書をタダにする会」元事務局員。著書に『教科書無償　高知・長浜のたたかい』（共著、解放出版社、1996年）。現在は大阪市在住。

吉田文茂（よしだ・ふみよし）
1954年生まれ。高知市史編さん委員会近現代部会員。専門は高知県をフィールドとする部落解放運動史、社会運動史。主な著書・論文に『透徹した人道主義者　岡崎精郎』（和田書房、2008年）、「高知県水平社と国沢亀」（『部落解放研究』191号、2011年）、「西本利喜と高知の部落解放運動」（『高知市立自由民権記念館紀要』№21、2013年）、「労働農民党の政策課題としての部落問題」（『部落解放研究』204号、2016年）、「同和奉公会高知県本部の活動」（四国部落史研究協議会編『しこく部落史』第18号、2016年）など。

教科書をタダにした闘い――高知県長浜の教科書無償運動

2017年11月10日　初版第１刷発行

著者　村越良子／吉田文茂

発行　株式会社 解放出版社
大阪市港区波除4-1-37 HRCビル３階 〒552-0001
電話 06-6581-8542　FAX 06-6581-8552
東京営業所
東京都千代田区神田神保町2-23 アセンド神保町３階 〒101-0051
電話 03-5213-4771　FAX 03-3230-1600
郵便振替 00900-4-75417　HP http://www.kaihou-s.com/

印刷　萩原印刷

ISBN978-4-7592-2165-7　NDC361.86　300P　19cm

障害などの理由で印刷媒体による本書のご利用が困難な方へ

本書の内容を、点訳データ、音読データ、拡大写本データなどに複製することを認めます。ただし、営利を目的とする場合はこのかぎりではありません。

また、本書をご購入いただいた方のうち、障害などのために本書を読めない方に、テキストデータを提供いたします。

ご希望の方は、下記のテキストデータ引換券（コピー不可）を同封し、住所、氏名、メールアドレス、電話番号をご記入のうえ、下記までお申し込みください。メールの添付ファイルでテキストデータを送ります。

なお、データはテキストのみで、写真などは含まれません。

第三者への貸与、配信、ネット上での公開などは著作権法で禁止されていますのでご留意をお願いいたします。

あて先

〒552-0001 大阪市港区波除4-1-37 HRCビル3F 解放出版社

『教科書をタダにした闘い』テキストデータ係

テキストデータ引換券

『教科書をタダに』

2165